部首 부수로 漢字 한자 정복하기

김종혁 지음

部首 부수로 漢字 한자 정복하기

1판 1쇄 | 2006년 7월 29일
1판 4쇄 | 2015년 11월 5일

지은이 | 김종혁
고　문 | 김학민
펴낸이 | 양기원
펴낸곳 | 학민사

등록번호 | 제10-142호
등록일자 | 1978년 3월 22일

주소 | 서울시 마포구 독막로 10 성지빌딩 715호(04071)
전화 | 02-3143-3326~7
팩스 | 02-3143-3328

홈페이지 | http://www.hakminsa.co.kr
이메일 | hakminsa@hakminsa.co.kr

ISBN 978-89-7193-173-8, Printed in Korea

이 도서의 국립중앙도서관 출판시도서목록(CIP)은 e-CIP홈페이지(http://www.nl.go.kr/ecip)와
국가자료공동목록시스템(http://nl.go.kr/kolisnet)에서 이용하실 수 있습니다.
(CIP제어번호 : CIP2015026107)

《 책 머리에 》

모든 학문(學問)의 출발점은 문자(文字)를 제대로 아는 것이다. 그런데 우리말인 국어(國語)의 경우, 한자어(漢字語)가 70% 이상을 차지한다. 뿐만 아니라 그런 한자어의 대부분이 중요한 개념어(概念語)와 학술용어(學術用語)로 되어 있다. 따라서 국어를 제대로 알고, 효율적인 학습을 하기 위해서 한자를 모르면 안 되는데, 바로 그 한자에서는 부수(部首)가 중요한 역할을 한다.

부수는 한자에서 우리 한글의 ㄱ·ㄴ·ㄷ·ㄹ·ㅁ…에 해당한다. 예컨대 家[집 가]·宅[집 택]·宮[집 궁]·室[집 실]·宇[집 우]·宙[집 주]자에 공통으로 보이는 宀[집 면]자가 그런 경우이다. 宀(면)자는 집을 표현한 부수로, 家·宅·宮·室·宇·宙자의 뜻 '집'에 직접 영향을 주고 있다.

대부분의 사람들이 한자를 어렵고 재미없는 문자로 여기는 것은 그 동안 한자를 주입식(注入式)·강독식(講讀式)으로만 잘못 배워왔기 때문이다. 한자는 물체의 형태를 그대로 본뜬 상형(象形)에서 출발한 문자이기 때문에 아무리 복잡한 필획(筆劃)의 글자이더라도 그림을 통해 배울 수 있다. 나아가 그런 한자들의 기본인 부수를 그림에서 비롯된 그 자형(字形)을 통해 제대로 배워둔다면 한자는 쉽고 재미있는 문자가 될 것이다.

그 동안 여러 교육현장에서 부수를 지도해 왔다. 그 때마다 한자에서 부수가 차지하는 필요성·중요성을 강조해 왔는데, 많은 분들이 그 뜻에 공감을 해주었다. 그러나 혼자 부수를 좀 더 깊이 공부하는 데 어려움이

많음을 토로하곤 했다. 쉽게 이해할 책이 없었던 것이다. 사실 필자(筆者)가 이전에 쓴 『부수를 알면 한자가 보인다』란 책은 일반적으로 일선 교육 현장에서 직접 한자 교육을 담당하고 계신 분들이 볼 수 있는 수준으로 구성되어 있어 어렵게 여겨졌던 것이다. 이에 여러 분들의 요청에 부응하여 좀 더 쉽게 독자(讀者)들에게 다가가고, 어린 학습자(學習者)들이 볼 수 있도록 이 책을 쓰게 되었다.

이 책은 부수가 어떻게 만들어졌는지, 어떻게 그런 뜻과 음을 지니게 되었는지, 또 어떤 역할을 하는지 설명해 놓았다.

이 책을 쓰도록 오래 전부터 격려를 아끼지 않은 출판사측과 묵묵히 옆에서 지켜봐 준 아내 안 윤숙과, 나중에 이 책을 보면서 한자를 공부할 수 있겠다는 생각에 집필 동기를 부여해 준 어린 아들 례원에게 이 지면(紙面)을 빌어 고마움을 전한다.

김 종혁

《 차례 》

제 3 장 사람 관련 부수(전신)

제 4 장 사람 관련 부수(손)

제 5 장 사람 관련 부수(발)

제 6 장 사람 관련 부수(입)

제 7 장 사람 관련 부수(신체 일부)

제 8 장 건물 관련 부수

제 9 장 무기 관련 부수

제 10 장 그릇 관련 부수

제 11 장 기물 관련 부수

제 12 장 자연물 관련 부수

제 13 장 지역(지형) 관련 부수

제 14 장 숫자나 필획 관련 부수

부수(部首)에 대한 이해

1. 부수에 대해

1. 부수

후한(後漢) 사람 허신(許愼)이 지은 『설문해자(說文解字)』란 책에서는 소전의 형태를 참고하여 글자의 구조를 체계적으로 분석했다. 그렇게 해서 같은 형부(形符)가 있는 한자들을 하나로 묶어 그것을 부(部)라 하면서 그 가운데 공통적인 형부가 되는 글자를 첫머리에 배치(配置)했는데, 그것을 부수(部首)라 한다.

예컨대 朴(후박나무 박)·松(소나무 송)·柏(잣나무 백)·桃(복숭아나무 도)·桂(계수나무 계)·桐(오동나무 동)·桑(뽕나무 상)·梅(매화나무 매)·楓(단풍나무 풍)·檀(박달나무 단)자는 같은 부(部)에 속하며, 이들 글자에서 공통적인 형부인 木(나무 목)자가 부수이다.

2. 부수의 변화

후한(後漢) 때에 허신(許愼)이 『설문해자(說文解字)』란 책에서 9,353자의 한자를 대상으로 자형(字形)의 구조(構造)에 따라 540자의 부수를 처음 만들어 자전(字典)을 편찬했다. 그 후에 변화를 거듭하다가 명(明)나라 때에 매응조(梅膺祚)가 『자휘(字彙)』란 책에서 33,179자의 한자를 대상으로 획수(劃數)의 다소(多少)에 따라 214자의 부수로 정리했는데, 바로 그 상황이 오늘날까지 이어지고 있다.

3. 부수의 역할

부수를 알게 되면 글자의 대체적인 뜻을 알 수 있으며, 아주 편리한 학습요소가 되어 자전(字典)에서 모르는 한자를 쉽게 찾아 볼 수 있게 해준다. 아울러 한자를 그리는 방식으로 쓰지 않고 정확하게 쓸 수 있게 하며, 아무리 복잡한 필획(筆劃)으로 이뤄진 한자라도 그 구조를 파악하여 쉽게 이해할 수 있게 해준다. 가장 분명한 점은 한자를 쉽고 재미있게, 그리고 잘 기억할 수 있게 해주는 것이다.

2. 부수가 사용되는 위치에 따른 명칭

부수가 한자에서 사용되는 위치에 따라 8개의 서로 다른 명칭으로 불려지는데, 다음은 그것에 대한 간단한 설명이다.

1. 변

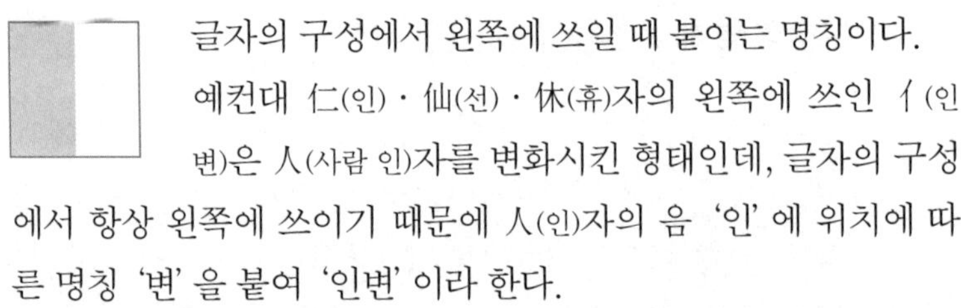

글자의 구성에서 왼쪽에 쓰일 때 붙이는 명칭이다. 예컨대 仁(인)·仙(선)·休(휴)자의 왼쪽에 쓰인 亻(인변)은 人(사람 인)자를 변화시킨 형태인데, 글자의 구성에서 항상 왼쪽에 쓰이기 때문에 人(인)자의 음 '인' 에 위치에 따른 명칭 '변' 을 붙여 '인변' 이라 한다.

2. 방

글자의 구성에서 오른쪽에 쓰일 때 붙이는 명칭이다.

旣(이미 기)자의 오른쪽에 쓰인 旡(숨막힐 기)자는 '숨막힐 기' 라 하기도 하지만 위치에 따른 명칭 '방' 을 덧붙여 '이미기방' 이라 하기도 한다.

3. 머리(두)

글자의 구성에서 위쪽에 쓰일 때 붙이는 명칭이다.

家(가) · 實(실) · 宅(택)자에서 위쪽에 쓰인 宀(집 면)자는 '집 면' 이라 하기도 하지만 위치에 따른 명칭 '머리' 를 덧붙여 '갓머리' 라 하기도 한다. 草(풀 초)자의 경우, 위쪽에 쓰인 ++(초두)는 草(초)자의 음 '초' 에 머리를 뜻하는 한자인 頭(머리 두)자의 음 '두' 를 덧붙여 '초두' 라 한다.

4. 발

글자의 구성에서 아래쪽에 쓰일 때 붙이는 명칭이다.

熱(열) · 熟(숙) · 焦(초)자에서 아래쪽에 쓰인 灬(연화발)은 火(불 화)자를 변화시킨 형태인데, 글자의 특성이 점으로 나란히 이어져 있기 때문에 '잇다' 의 뜻을 지닌 連(연)자의 음 '연' 에 火(화)자의 음 '화' 와 위치에 따른 명칭 '발' 을 붙여 '연화발' 이라 한다.

5. 엄

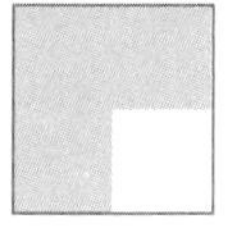

글자의 구성에서 위로부터 왼쪽 부분으로 덮어 씌워 쓰일 때 붙이는 명칭이다.

虐(학) · 處(처) · 虛(허)자에서 공통으로 쓰인 虍(범의 문채 호)자는 '범의 문채 호'라 하기도 하지만 虎(범 호)자에서 글자 구성 위치가 '엄'의 부분이기 때문에 '범호엄'이라 하기도 한다.

6. 받침

글자의 구성에서 왼쪽 위로부터 내려와 아랫 부분을 받칠 때 붙이는 명칭이다.

道(도)·迫(박)·通(통)자에 보이는 辶(책받침)은 辵(쉬엄쉬엄 갈 착)자를 변화시킨 형태인데, 辵(착)자의 음 '착'에 글자 구성의 위치에 따른 명칭 '받침'을 붙여 '착받침'이라 했던 것이 후대에 바뀌어 '책받침'이라 한다.

7. 몸

글자의 구성에서 주위를 에워쌀 때 붙이는 명칭이다.

包(쌀 포)자에서 巳의 형태를 생략하고 남은 勹(쌀 포)자는 包(포)자의 원래 글자로 '쌀 포'라 하기도 하지만, 包(포)자에서 몸을 이루고 있는 형태이기 때문에 글자 구성의 위치에 따른 명칭 '몸'을 덧붙여 '쌀포몸'이라 하기도 한다.

8. 제 부수

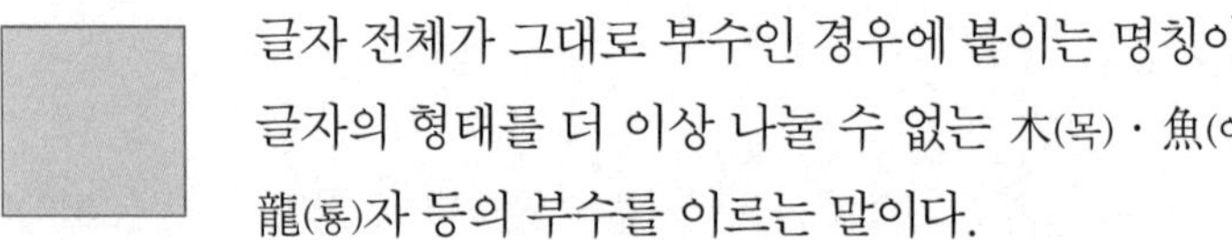

글자 전체가 그대로 부수인 경우에 붙이는 명칭이다. 글자의 형태를 더 이상 나눌 수 없는 木(목)·魚(어)·龍(룡)자 등의 부수를 이르는 말이다.

3. 부수가 되는 글자의 형태에 대해

이 책의 첫머리에 사용된 여러 글자 형태는 대부분 갑골문(甲骨文) ⇨ 금문(金文) ⇨ 소전(小篆) ⇨ 예서(隸書)의 순서로 나열되어 있다. 다음은 나열된 글자 형태에 대한 간단한 설명이다.

1. 갑골문(甲骨文)

거북 껍데기나 소뼈에 새겨진 문자이다. 옛날 사람들은 전쟁이나 사냥의 일을 행하기에 앞서 그 일의 결과가 좋을지 나쁠지 알기 위해 거북 껍데기나 소뼈에 홈을 파고 불로 지져 나타난 갈라진 무늬로 길흉(吉凶)을 미리 점쳤다. 점친 후에 그 내용을 점쳤던 거북껍데기나 소뼈에 문자로 기록했는데, 바로 그 문자가 갑골문이다. 갑골문은 거북 껍데기인 龜甲(귀갑)의 甲(갑)과 소뼈인 牛骨(우골)의 骨(골)에 새겨진 문자(文字)이기 때문에 그렇게 부른 것이다.

2. 금문(金文)

청동(靑銅)으로 만든 그릇에 새겨진 문자이다. 옛날에는 하늘의 신을 숭배(崇拜)하였고, 숭배를 위해 제사(祭祀)를 지낼 때는 제물(祭物)을 담는 청동으로 만든 그릇이 사용되었다. 바로 그 청동으로 만든 그릇에 신성(神聖)한 모습이 드러나도록 화려하고 웅장하게 무늬를 새겨 넣으면서 문자를 써 넣었는데, 바로 그 문자가 금문이다. 청동으로 만든 그릇에 보이는 문자를 금문이라 한 것은 옛날에 청동을 금(金)으로 보았기 때문이다.

3. 소전(小篆)

진시황(秦始皇)이 중국을 통일한 후에 이사(李斯)의 건의를 받아들여 이전에 사용하던 번잡한 글자를 개량한 문자가 소전이다. 금문이 사용되던 전국시대(戰國時代)에는 국가의 난립 때문에 여러 문자가 생겨 나라가 다르면 문자가 서로 통하지 않았다. 이에 효율적으로 나라를 다스리고, 백성을 교화(敎化)시키기 위해 문자를 통일할 필요가 있었기 때문에 소전의 서체(書體)가 만들어진 것이다.

4. 예서(隸書)

소전의 복잡한 필법(筆法)을 간편하게 변화시켜 형성된 서체(書體)로, 한(漢)나라 때에 주로 사용되었던 문자이다. 관청의 하급 관리인 예인(隸人)들이 행정 사무를 효율적으로 처리하기 위해 사용하면서 형성된 문자라 하여 예서라는 이름이 붙게 되었다하나 분명치 않다. 다만 예서는 소전보다 쓰기 쉽고 읽기 쉬운 문자가 요구되어 생겨난 것으로 보인다.

4. 부수의 뜻에 대해

이 책에 사용된 부수의 뜻은 중학교 5종 교과서(敎科書)와 5종의 옥편(玉篇)을 참고하여 필자가 기준을 세운 뒤 정한 것이다. 참고한 자료는 다음과 같다.

1) 漢文1(동아출판사, 정우상)－중학교 교과서
2) 漢文1(교학사, 김용걸)－중학교 교과서

3) 한문1(박영사, 송하경)－중학교 교과서
4) 한문1(금성출판사, 김종훈)－중학교 교과서
5) 한문1(평화출판사, 손홍명)－중학교 교과서
6) 동아한한대사전(동아출판사, 이가원 외 2인)－옥편
7) 명문한한대사전(명문당, 차상환 외 2인)－옥편
8) 민중대옥편(민중서관)－옥편
9) 삼성대옥편(삼성문화사, 이가원 외 1인)－옥편
10) 대한한사전(집문당, 차상환 외 4인)－옥편

이상의 자료에 의해 정해진 부수의 명칭이 『부수를 알면 한자가 보인다』(학민사)와 『한자교육 시험백과』(전통문화연구회)란 책에 적용되었으며, 이 책에 설명될 부수의 명칭도 똑같게 적용된다.

제1장 동물 관련 부수

옛날 사람들은 사냥을 하여 잡은 짐승으로 몸에 필요한 동물성(動物性) 단백질(蛋白質)을 보충하였다. 아울러 사냥을 통해 짐승으로부터 농작물(農作物)을 보호했으며, 전쟁(戰爭)에 대비하여 훈련(訓練)의 기회로 삼기도 했다. 나아가 잡아서 식량으로 삼고 남은 일부 짐승은 기르면서 가축(家畜)으로 만들기도 했다.

사람이 사냥하거나 길러서 가축으로 만든 동물이나 그 부산물(副產物), 또는 사람이 생활하는 데 밀접한 동물과 관련된 부수인 牛(소 우)·犬(개 견)·羊(양 양)·虫(벌레 훼)·豕(돼지 시)·豸(발없는 벌레 치)·貝(조개 패)·隹(새 추)·馬(말 마)·魚(물고기 어)·鳥(새 조)·鹿(사슴 록)·黽(맹꽁이 맹)·鼠(쥐 서)·龍(용 룡)·龜(거북 귀)·亠(돼지해머리)·彐(돼지머리 계)·彡(터럭 삼)·歹(뼈 앙상할 알)·毛(터럭 모)·禸(짐승 발자국 유)·羽(깃 우)·肉(고기 육)·虍(범의 문채 호)·角(뿔 각)·釆(분별할 변)·非(아닐 비)·革(가죽 혁)·風(바람 풍)·飛(날 비)·骨(뼈 골)자에 대해 살펴보기로 한다.

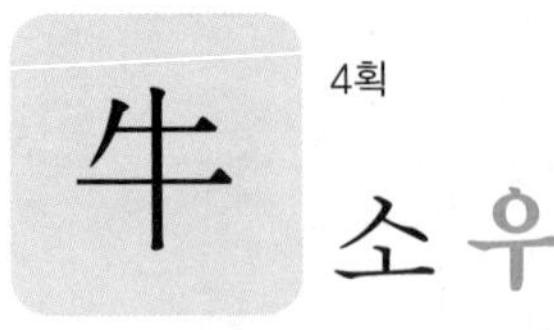

牛 소 우

4획

갑골문	금 문	소 전	예 서

글자의 뿌리 소의 머리를 표현한 글자이다. 소를 나타내는 전체 모양이 복잡하자, 가장 특징적인 부분인 뿔과 귀가 있는 머리만으로 소를 나타낸 것이다.

뜻과 음 소의 머리에서 비롯된 牛자는 그 뜻이 '소'가 되었다.
牛乳(우유)·韓牛(한우)·鬪牛士(투우사)·碧昌牛(벽창우)·九牛一毛(구우일모)·牛耳讀經(우이독경)이란 말에서 보듯 牛자는 그 음이 '우'이다.
牛자는 그 뜻과 음을 합쳐 '소 우'라 한다.

부수의 쓰임 소는 사람에게 가장 중요한 가축(家畜)이기 때문에 牛자 부수에 속하는 한자는 소뿐 아니라 여러 가축과 관련된 뜻을 지니기도 한다. 다음은 그런 한자이다.

牟 (소 우는 소리 모)
牢 (우리 뢰)
牡 (수컷 모)
牧 (칠 목)
物 (만물 물)

牲 (희생 생)
特 (수컷 특)
牽 (끌 견)
犀 (무소 서)
犧 (희생 희)

흙으로 빚은 물소의 모습

犬 4획 개 견 | 犭 개사슴록변

❀글자의 뿌리 개를 표현한 글자이다. 머리와 몸체에 이어진 두 다리, 그리고 꼬리를 간략하게 선(線)으로 나타냈다.

❀뜻과 음 개를 나타냈기 때문에 犬자는 그 뜻이 '개' 이다.
鬪犬(투견)·忠犬(충견)·猛犬(맹견)·狂犬病(광견병)·犬猿之間(견원지간)의 말에서 보듯 犬자는 그 음이 '견' 이다.
犬자는 그 뜻과 음을 합쳐 '개 견' 이라 한다.
犬자가 글자의 왼쪽에 덧붙여질 때는 犭의 형태로 바뀌는데, 이는 '개사슴록변' 이라 한다. 그 모양이 사슴뿔처럼 보이기 때문에 鹿(사슴 록)자의 뜻과 음인 '사슴 록' 에 개와 관련이 있다 하여 '개' 를 앞에 붙이고, 부수가 왼쪽에 덧붙여질 때의 명칭인 '변' 을 뒤에 붙여서 부른 것이다.

❀부수의 쓰임 개는 늑대를 길들인 짐승이다. 따라서 犬(犭)자 부수에 속하는

한자는 일반적으로 늑대와 비슷한 짐승의 명칭이나 행동과 관련된 뜻을 지닌다. 다음은 그 뜻의 쓰임에 따라 둘로 나눠 본 것이다.

① 짐승의 명칭과 관련된 한자

狗 (개 구)	狙 (원숭이 저)	狐 (여우 호)
狼 (이리 랑)	狸 (삵 리)	猫 (고양이 묘)
猪 (돼지 저)	猿 (원숭이 원)	獅 (사자 사)

② 짐승의 행동이나 성격과 관련된 한자

犯 (범할 범)	狎 (익숙할 압)	狡 (교활할 교)
猛 (사나울 맹)	狂 (미칠 광)	狹 (좁을 협)
猖 (미쳐 날뛸 창)	獗 (날뛸 궐)	猾 (교활할 활)
猜 (새암할 시)	猥 (함부로 외)	猝 (갑자기 졸)
獲 (얻을 획)	狩 (사냥 수)	獵 (사냥 렵)

흙으로 빚은 개의 모습

6획

羊 양 양

갑골문	금 문	소 전	예 서

글자의 뿌리 뿔이 아래로 굽은 양의 머리를 표현한 글자이다. 양은 다른 가축과 달리 그 뿔에 큰 특징이 있기 때문에 뿔이 있는 머리 부분으로 글자가 이뤄진 것이다.

뜻과 음 양의 머리를 나타냈기 때문에 羊자는 그 뜻이 '양' 이 되었다. 山羊(산양) · 緬羊(면양) · 羊皮紙(양피지) · 犧牲羊(희생양) · 羊頭狗肉(양두구육) · 九折羊腸(구절양장)의 말에서 보듯 羊자는 그 음이 '양' 이다.

羊자는 그 뜻과 음을 합쳐 '양 양' 이라 한다.

부수의 쓰임 羊자 부수에 속하는 한자는 일반적으로 양과 관련된 뜻을 지닌다. 羚(영양 령) · 羞(부끄러워할 수) · 羹(국 갱) · 美(아름다울 미) · 羨(부러워할 선) · 義(옳을 의) · 群(무리 군)자가 바로 그런 한자이다.

나아가 羊자는 비교적 많은 글자에 덧붙여져 음의 역할을 하기도 한다. 다음은 그런 한자이다.

洋 (바다 양)
養 (기를 양)
樣 (모양 양)
痒 (앓을 양)
癢 (가려울 양)

祥 (상서로울 상)
詳 (자세할 상)
翔 (빙빙 돌아 날 상)
姜 (성 강)
羌 (종족 이름 강)

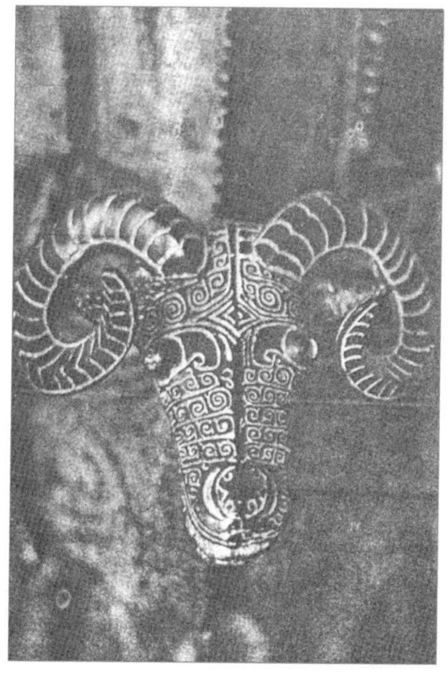

청동으로 만든 양의 머리모습

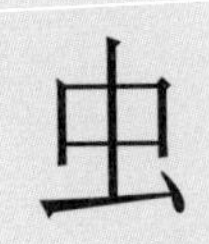

虫 6획 벌레 훼

갑골문	금 문	소 전	예 서

글자의 뿌리 뱀을 표현한 글자이다. 가늘고 긴 몸체에 꼬리가 구부러진 뱀을 나타낸 것이다.

뜻과 음 옛날 사람들은 뱀을 벌레 가운데 대표가 되는 동물로 생각했다. 따라서 뱀 모양에서 비롯된 虫자는 그 뜻이 '벌레'가 되었다. 오늘날 虫자는 흔히 蟲(벌레 충)자를 간편하게 쓰기 위해 대신 사용되고 있다. 그러나 昆蟲(곤충)·害蟲(해충)·寄生蟲(기생충)의 蟲자와 달리 虫자는 본래 그 음이 '훼'이다.
따라서 虫자는 그 뜻과 음을 합쳐 '벌레 훼'라 한다.

부수의 쓰임 虫자 부수에 속하는 한자의 뜻은 작은 동물과 관련이 있을 뿐만 아니라 개구리와 같은 양서류(兩棲類)나 조개와 같은 패류(貝類)와도 관련이 있다. 다음은 그런 한자를 세 유형으로 나눠본 것이다.

① 작은 동물 관련 한자

蜂 (벌 봉)	蛾 (나방 아)	蜚 (바퀴 비)
蝸 (달팽이 와)	蝴 (나비 호)	螳 (사마귀 당)
蝶 (나비 접)	蚊 (모기 문)	蛇 (뱀 사)
蛔 (거위 회)	螂 (사마귀 랑)	螟 (마디충 명)
蟬 (매미 선)	蟯 (요충 요)	蠅 (파리 승)
蠶 (누에 잠)	螢 (개똥벌레 형)	

② 작은 동물과 관련된 사물이나 동작을 나타낸 한자

蜜 (꿀 밀)	蝕 (좀먹을 식)	蛋 (새알 단)
蟄 (숨을 칩)	蠟 (밀 랍)	蠢 (꿈틀거릴 준)
蠱 (독 고)	融 (화할 융)	蠕 (굼틀거릴 연)

③ 조개 관련 한자

蜃 (무명조개 신)	螺 (소라 라)	蚌 (방합 방)
蛤 (대합조개 합)		

위에 보이는 蜃·螺·蚌·蛤자는 조개와 관련이 있으면서도 조개에서 비롯된 貝(조개 패)자 부수에 속하지 않고, 虫자 부수에 속해 있다.

나아가 양서류와 관련이 있는 蛙(개구리 와)자나 포유류와 관련이 있는 蝟(고슴도치 위)자, 그리고 사람과 관련이 있는 蠻(오랑캐 만)자도 虫자 부수에 속해 있다. 이를 보면 옛날 사람들이 생각하고 있던 벌레는 그 범위가 오늘날에 비해 훨씬 넓었음을 알 수 있다.

7획

돼지 시

갑골문	금 문	소 전	예 서

❀ 글자의 뿌리 돼지를 표현한 글자이다. 살이 찐 몸집과 짧은 다리, 그리고 꼬리가 아래로 늘어진 모습으로 나타냈다.

❀ 뜻과 음 돼지 모습에서 비롯된 글자이기 때문에 豕자는 그 뜻이 '돼지'가 되었다.

豕자는 어려운 말이지만 豕心(시심)이나 遼東豕(요동시)에서 보듯 그 음이 '시' 이다.

豕자는 그 뜻과 음을 합쳐 '돼지 시' 라 한다.

❀ 부수의 쓰임 豕자를 부수로 삼으면서 비교적 자주 사용되는 한자로는 養豚(양돈)의 豚(돼지 돈), 象牙(상아)의 象(코끼리 상), 豪傑(호걸)의 豪(호걸 호), 豫習(예습)의 豫(미리 예), 豬突(저돌)의 豬(돼지 저)자가 있다. 아울러 據(의거할 거)·遽(갑자기 거)·醵(술잔치 갹)·劇(심할 극)자에서 음의 역할을 하는 豦(큰 멧돼지 거)자나 琢(쫄 탁)·啄(쪼을 탁)자에서 음의 역할을 하는 豖(못 걸을 축)자도 그 부수에 속한다.

7획

발 없는 벌레 치

갑골문	금 문	소 전	예 서

글자의 뿌리 큰 입이 있는 머리와 길게 늘어진 등, 그리고 다리와 꼬리가 있는 짐승을 표현한 글자이다.

뜻과 음 마치 고양이가 쥐를 잡을 때처럼 몸을 낮춰 먹이를 덮치려는 형상에서 비롯된 豸자는 짐승이 먹이를 노린다는 뜻과 관련이 있으나 후세 사람들이 그 형태를 잘못 분석하면서 '발 없는 벌레'의 뜻을 지닌 글자가 되었다.

豸자는 상상의 동물인 獬豸(해치 → 해태)란 말에서 보듯 그 음이 '치'이다. 豸자는 그 뜻과 음을 합쳐 '발 없는 벌레 치'라 한다.

부수의 쓰임 豸자는 주로 육식(肉食)을 하는 날쌘 동물을 나타내는 한자의 부수로 쓰인다. 그러나 그런 한자로는 豹變(표변)의 豹(표범 표), 貂皮(초피)의 貂(담비 초), 豺狼(시랑)의 豺(승냥이 시)자만 오늘날 비교적 자주 사용되고 있다. 그 외에 濊貊(예맥)의 貊(북방종족 맥)자나 面貌(면모)의 貌(얼굴 모)자도 그 부수에 속하며, 狸(삵 리)자와 동자(同字)인 貍(리)자나 猫(고양이 묘)자와 동자인 貓(묘)자도 그 부수에 속한다.

貝 7획 조개 패

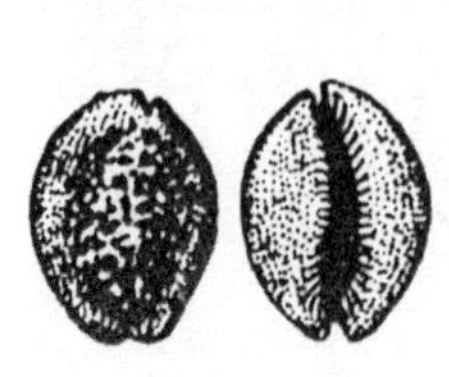

갑골문	금 문	소 전	예 서
			貝

글자의 뿌리 조개를 표현한 글자이다. 두꺼운 법랑질(琺瑯質)로 되어 있는데, 겉은 붉은 빛이 나고 벌어지는 부분은 톱니 모양으로 이뤄져 있는 조개를 나타낸 것이다.

뜻과 음 조개에서 비롯된 貝자는 그 뜻이 '조개'가 되었다.
貝物(패물)·貝塚(패총)·寶貝(보패 → 보배)·種貝(종패)·魚貝類(어패류)의 말에서 보듯 貝자는 그 음이 '패'이다.
貝자는 그 뜻과 음을 합쳐 '조개 패'라 한다.

부수의 쓰임 옛날에는 조개가 물건을 교환할 때에 화폐(貨幣)로 사용되었다. 따라서 貝자 부수에 속하는 한자는 일반적으로 돈이나 값진 물건과 관계된 뜻을 지닌다. 조개와 직접 관련된 蜃(무명조개 신)·螺(소라 라)·蚌(방합 방)·蛤(대합조개 합)자는 貝자를 부수로 삼지 않는다. 다음은 그 부수에 속하는 한자를 둘로 나눈 것이다.

① 화폐나 재물과 관련되어 이뤄진 동작(상태)을 나타낸 한자

負 (질 부)	貢 (바칠 공)	貫 (꿸 관)
貧 (가난할 빈)	責 (꾸짖을 책)	貪 (탐할 탐)
販 (팔 판)	貴 (귀할 귀)	貸 (빌릴 대)
買 (살 매)	貿 (무역할 무)	費 (쓸 비)
貰 (세낼 세)	貯 (쌓을 저)	貶 (떨어뜨릴 폄)
賀 (하례할 하)	賑 (구휼할 진)	賣 (팔 매)
賠 (물어 줄 배)	賜 (줄 사)	賞 (상줄 상)
賤 (천할 천)	賢 (어질 현)	賭 (걸 도)
賴 (힘입을 뢰)	購 (살 구)	贈 (보낼 증)
贊 (도울 찬)		

② 화폐나 재물과 관련된 한자

財 (재물 재)	貨 (재화 화)	賈 (장사 고)
賂 (뇌물 뢰)	資 (재물 자)	賊 (도둑 적)
賄 (뇌물 회)	賓 (손 빈)	賦 (구실 부)
質 (바탕 질)	賻 (부의 부)	贓 (장물 장)

그 외에 貝자는 敗北(패배)의 敗(패할 패), 狼狽(낭패)의 狽(이리 패), 梵唄(범패)의 唄(찬불 패)자에서 음의 역할을 하기도 한다.

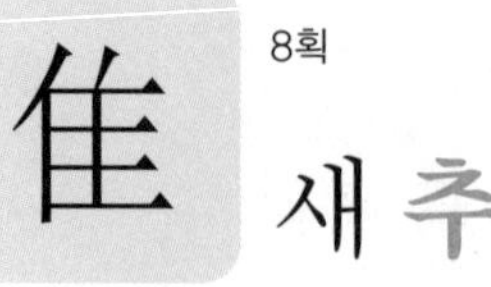

8획

隹 새 추

갑골문	금 문	소 전	예 서

글자의 뿌리 새를 표현한 글자이다. 비교적 몸을 간략하게 드러낸 새를 나타낸 것이다.

뜻과 음 새에서 비롯된 글자이기 때문에 隹자는 그 뜻이 '새' 이다.
隹자는 비교적 많은 글자에서 음의 역할을 한다. 推進(추진)의 推(옮을 추)자와 立錐(입추)의 錐(송곳 추)자와 脊椎(척추)의 椎(몽치 추)자가 바로 그런 글자에 속하는데, 推(추) · 錐(추) · 椎(추)자처럼 隹자도 그 음이 '추' 이다.
隹자는 그 뜻과 음을 합쳐 '새 추' 라 한다.

부수의 쓰임 隹자 부수에 속하는 한자는 대체로 새의 종류와 관련된 뜻을 지닌다. 아울러 隹자는 많은 글자에서 음의 역할을 하기도 한다. 隹자 부수에 속하는 한자와 隹자가 음의 역할을 하는 한자를 나누어 살펴보기로 하겠다.

① 隹자 부수에 속하는 한자(새의 종류)

隼 (새매 준) 雀 (참새 작) 雅 (떼 까마귀 아)
雁 (기러기 안) 雉 (꿩 치) 雕 (독수리 조)
雞 (닭 계)

② 隹자가 음의 역할을 하는 한자

推 (옮을 추/밀 퇴) 錐 (송곳 추) 椎 (몽치 추)
惟 (생각할 유) 維 (밧줄 유) 唯 (오직 유)
雖 (비록 수) 誰 (누구 수) 讐 (원수 수)
焦 (그을릴 초) 礁 (물에 잠긴 바위 초) 憔 (수척할 초)
醮 (초례 초) 樵 (땔나무 초) 蕉 (파초 초)
崔 (높을 최/성 최) 催 (재촉할 최) 稚 (어릴 치)
堆 (언덕 퇴)

馬 10획 말 마

갑골문	금 문	소 전	예 서

❀ 글자의 뿌리 말을 표현한 글자이다. 말의 가장 큰 특징인 긴 얼굴을 대신한 눈, 그리고 몸의 갈기와 발을 간략하게 나타냈다.

❀ 뜻과 음 말에서 비롯된 馬자는 그 뜻이 '말' 이다.

白馬(백마) · 木馬(목마) · 馬車(마차) · 馬牌(마패) · 千里馬(천리마) · 競馬場(경마장) · 馬耳東風(마이동풍) · 塞翁之馬(새옹지마)의 말에서 보듯 馬자는 그 음이 '마' 이다.

馬자는 그 뜻과 음을 합쳐 '말 마' 라 한다.

❀ 부수의 쓰임 馬자 부수에 속하는 한자는 말의 여러 종류나 말로 인한 동작과 관련된 뜻을 지닌다. 다음은 그런 한자를 둘로 살펴본 것이다.

① 말의 종류와 관련된 한자

駁 (얼룩말 박)　駙 (곁마 부)　駟 (사마 사)
駝 (낙타 마)　駱 (낙타 락)　駿 (준마 준)

② 말로 인한 동작과 관련된 한자

馮 (탈 빙)　馭 (말부릴 어)　馴 (길들 순)
馳 (달릴 치)　駄 (짐 실을 태)　駑 (둔할 노)
駐 (머무를 주)　駭 (놀랄 해)　騎 (말 탈 기)
騰 (오를 등)　騷 (떠들 소)　驅 (몰 구)
驀 (말 탈 맥)　驕 (교만할 교)　驚 (놀랄 경)
驗 (증험할 험)

11획

魚 물고기 어

갑골문	금 문	소 전	예 서

❀글자의 뿌리 물고기를 표현한 글자이다. 머리와 꼬리 및 몸체가 완전하게 갖춰진 모습으로 나타냈다.

❀뜻과 음 물고기 모습에서 魚자는 그 뜻이 '물고기' 가 되었다.
長魚(장어) · 人魚(인어) · 魚缸(어항) · 魚類(어류) · 熱帶魚(열대어) · 養魚場(양어장) · 魚頭肉尾(어두육미) · 一魚濁水(일어탁수)의 말에서 보듯 魚자는 그 음이 '어' 이다.
魚자는 그 뜻과 음을 합쳐 '물고기 어' 라 한다.

❀부수의 쓰임 魚자 부수에 속하는 한자는 일반적으로 물고기처럼 물 속에 사는 동물과 관련된 뜻을 지닌다. 다음은 그런 한자이다.

鮒 (붕어 부)
鯉 (잉어 리)
鯨 (고래 경)
鰍 (미꾸라지 추)
鰕 (새우 하)
鰥 (환어 환)
鰒 (전복 복)
鰐 (악어 악)
鮟 (아귀 안)

청동에 새겨진 물고기 모습

11획

鳥 새 조

갑골문	금 문	소 전	예 서

글자의 뿌리 새를 표현한 글자이다. 비교적 깃이 풍부한 새를 옆으로 나타냈다.

뜻과 음 새 모습에서 鳥자는 그 뜻이 '새' 가 되었다.

白鳥(백조) · 駝鳥(타조) · 不死鳥(불사조) · 七面鳥(칠면조) · 鳥足之血(조족지혈) · 一石二鳥(일석이조)의 말에서 보듯 鳥자는 그 음이 '조' 이다.

鳥자는 그 뜻과 음을 합쳐 '새 조' 라 한다.

부수의 쓰임 鳥자 부수에 속하는 한자는 흔히 새의 명칭과 관련된 뜻을 지닌다. 다음은 그런 한자이다.

鳩 (비둘기 구)
鴃 (때까치 격)
鴨 (오리 압)
鴕 (타조 타)
鵠 (고니 곡)
鵬 (대붕새 붕)
鶴 (학 학)
鷸 (도요새 휼)
鸚 (앵무새 앵)

鳳 (봉새 봉)
鴉 (갈가마귀 아)
鴦 (원앙 앙)
鴻 (큰기러기 홍)
鵡 (앵무새 무)
鵲 (까치 작)
鷗 (갈매기 구)
鷹 (매 응)

鳶 (소리개 연)
鴈 (기러기 안)
鴛 (원앙 원)
鵑 (두견이 견)
鵝 (거위 아)
鷄 (닭 계)
鷺 (해오라기 로)
鸎 (꾀꼬리 앵)

청동에 새겨진 새모습

鹿 사슴 록

11획

갑골문	금 문	소 전	예 서
[illegible]	[illegible]	[illegible]	鹿

글자의 뿌리 사슴을 표현한 글자이다. 머리 위에 두 개의 긴 뿔이 있는 사슴을 옆에서 본 모습으로 나타냈다.

뜻과 음 사슴 모습에서 鹿자는 그 뜻이 '사슴'이 되었다.
鹿茸(녹용)·馴鹿(순록)·白鹿潭(백록담)·指鹿爲馬(지록위마)·中原逐鹿(중원축록)의 말에서 보듯 鹿자는 그 음이 '록'이다.
鹿자는 그 뜻과 음을 합쳐 '사슴 록'이라 한다.

부수의 쓰임 鹿자 부수에 속하면서 비교적 자주 사용되는 한자로는 麒麟(기린)의 麒(기린 기)자와 麟(기린 린)자, 그리고 華麗(화려)의 麗(고울 려), 山麓(산록)의 麓(산기슭 록), 麝香(사향)의 麝(사향노루 사)자가 있다.

청동에 새겨진 사슴 모습

13획

맹꽁이 맹

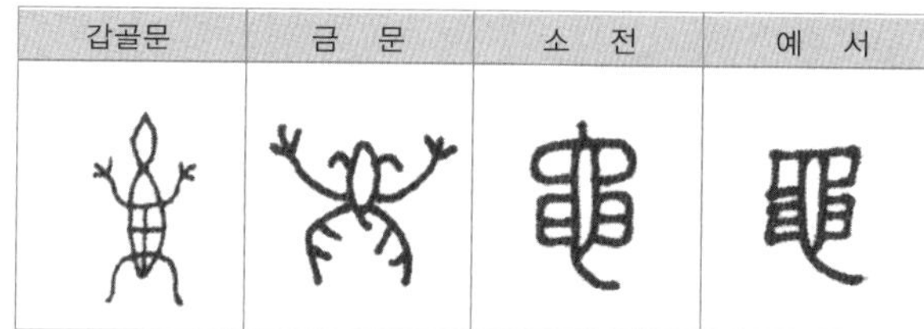

갑골문	금 문	소 전	예 서

글자의 뿌리 맹꽁이를 표현한 글자이다. 머리와 배, 그리고 네 다리를 잘 나타내고 있다.

뜻과 음 맹꽁이 모습에서 黽자는 그 뜻이 '맹꽁이'가 되었다. 맹꽁이는 개구리를 닮았으나 배가 더 뚱뚱해 보이며, 날이 흐리거나 비가 오면 논이나 개울에서 "맹꽁맹꽁"하고 요란스럽게 운다 하여 '맹꽁이'라 부른다.

黽자는 繩(노끈 승)자나 蠅(파리 승)자에 덧붙여져 음의 역할을 하는데, 捕繩(포승)의 繩(승)이나 靑蠅(청승)의 蠅(승)자와 달리 黽자는 그 음이 '맹'이다.

黽자는 그 뜻과 음을 합쳐 '맹꽁이 맹'이라 한다.

부수의 쓰임 黽자 부수에 속하면서 비교적 자주 사용되는 한자로는 鼈主簿傳(별주부전)의 鼈(자라 별)자뿐이다. 그 외에 蛙(개구리 와)자와 바꿔 사용할 수 있는 鼃(개구리 와)자나 竈王神(조왕신)의 竈(부엌 조)자에서 그나마 그 쓰임을 엿볼 수 있다.

13획

鼠 쥐 서

갑골문	금 문	소 전	예 서

❀글자의 뿌리 쥐를 표현한 글자이다. 위는 머리 모양으로 이빨을 두드러지게 나타냈다. 아래는 발과 배, 그리고 꼬리를 나타냈다.

❀뜻과 음 쥐 모습에서 鼠자는 그 뜻이 '쥐'가 되었다.
鼠生員(서생원) · 靑鼠毛(청서모 → 청설모) · 鼠目太(서목태) · 首鼠兩端(수서양단) · 鼠竊狗偸(서절구투) · 泰山鳴動鼠一匹(태산명동서일필)의 말에서 보듯 鼠자는 그 음이 '서'이다.
鼠자는 그 뜻과 음을 합쳐 '쥐 서'라 한다.

❀부수의 쓰임 鼠자 부수에 속하면서 일상생활에서 자주 활용되는 한자는 찾아볼 수 없다. 鼠자가 글자 구성에 도움을 주는 竄竊(찬절)의 竄(숨을 찬)자가 가끔 사용되고 있을 뿐이다.

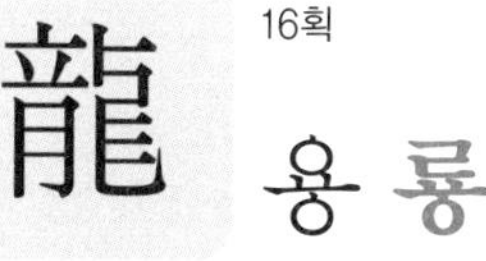

龍 16획 용 룡

갑골문	금 문	소 전	예 서
			龍

글자의 뿌리 상상의 동물 용을 표현한 글자이다. 머리 위의 뾰족한 뿔과 벌리고 있는 입, 구부릴 수 있는 기다란 몸뚱이가 나타나 있다.

뜻과 음 용 모습에서 龍자는 그 뜻이 '용' 이 되었다. 용은 몸을 크게 했다가 작게 하기도 하고, 하늘에 오르거나 물에 잠기기도 하며, 구름과 비를 몰아 조화를 부린다는 상상의 동물이다.

龍자는 靑龍(청룡) · 恐龍(공룡) · 土龍(토룡) · 畵龍點睛(화룡점정)의 말에서 보듯 그 음이 '룡' 이다.

龍자는 그 뜻과 음을 합쳐 '용 룡' 이라 한다.

나아가 龍王(용왕) · 龍宮(용궁) · 龍鬚鐵(용수철) · 龍紋席(용문석) · 龍頭蛇尾(용두사미)의 말에서 보듯 龍자가 말의 맨 앞에 쓰일 때는 그 음을 '용' 으로 읽는다.

부수의 쓰임 龍자는 덧붙여진 글자에서 주로 음의 역할을 한다. 籠球(농구)의 籠(대그릇 롱), 朦朧(몽롱)의 朧(흐릿할 롱), 聾啞(농아)의 聾(귀머거리 롱), 壟斷(농단)의 壟(언덕 롱), 玲瓏(영롱)의 瓏(옥소리 롱)자가 바로 그런 글자이다.

龜 16획 거북 귀

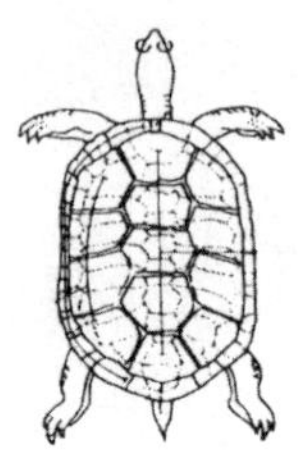

갑골문	금 문	소 전	예 서

글자의 뿌리 거북을 표현한 글자이다. 머리와 발, 짧은 꼬리, 그리고 갈라진 등이 나타나 있다.

뜻과 음 거북 모습에서 龜자는 그 뜻이 '거북' 이 되었다.
龜鑑(귀감) · 龜趺(귀부) · 龜船(귀선) · 龜甲(귀갑)의 말에서 보듯 龜자는 그 음이 '귀' 이다.
龜자는 그 뜻과 음을 합쳐 '거북 귀' 라 한다.
나아가 龜자는 거북 껍데기로 친 점(占)의 계시(啓示)를 받아 이뤄진 지명(地名)과 관련되면 '구' 로, 거북의 특징인 갈라진 등 모양에서 비롯된 '터지다' 의 뜻과 관련되면 '균' 으로 읽힌다. 따라서 지명(地名)인 龜尾는 '구미' 로, '터지다' 의 뜻을 지닌 龜裂은 '균열' 로 읽힌다.

부수의 쓰임 龜자 부수에 속하면서 오늘날 일상생활에 자주 활용되는 한자는 단 한 자도 찾아볼 수 없다. 秋(가을 추)자의 고자(古字)인 龝(추)자에서 겨우 그 쓰임을 엿볼 수 있다.

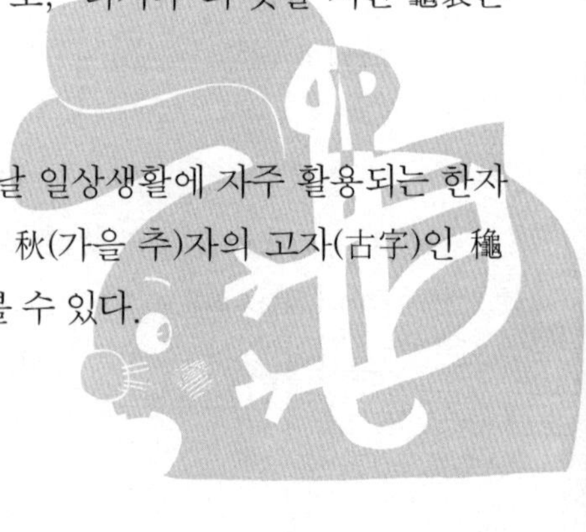

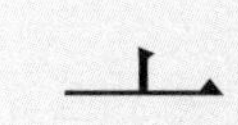

2획

돼지해머리

갑골문	금 문	소 전	예 서

글자의 뿌리 무엇을 표현했는지 알 길이 없는 글자이다.

뜻과 음 무엇을 표현했는지 알 길이 없기 때문에 亠자는 그 뜻이 없는 글자이다. 그러나 '두'라는 음(音)을 가지고 있다. 오늘날은 亥(돼지 해)자에서 亠자가 머리 부분과 같기 때문에 흔히 '돼지해머리'란 명칭으로 불려지고 있다.

부수의 쓰임 亠자를 부수로 삼는 한자는 그다지 많지 않다. 亡(망할 망)·交(사귈 교)·亦(또 역)·亥(돼지 해)·亨(형통할 형)·京(서울 경)·享(누릴 향)·亮(밝을 량)·亭(정자 정)자 정도가 비교적 자주 사용되고 있을 뿐이다. 그러나 이들 한자는 亠자가 글자 구성에 도움을 줄 뿐이고 그 뜻에 영향을 미치지 않는다.

彐 3획 彑 돼지 머리 계

갑골문	금 문	소 전	예 서

❀ 글자의 뿌리 뾰족하게 위로 튀어 나와 있는 돼지 머리를 표현한 글자이다.

❀ 뜻과 음 돼지 머리를 나타낸 데서 彐자는 그 뜻이 '돼지 머리' 가 되었다. 彐자는 부수의 역할만 하는 글자로, 그 음이 '계' 이다. 따라서 彐자는 그 뜻과 음을 합쳐 '돼지 머리 계' 라 한다. 아울러 彐자는 약간 변화된 형태인 彑자로도 쓰이고 있다.

❀ 부수의 쓰임 彐(彑)자는 수많은 한자를 편하게 구분하기 위해 만들어진 부수이다. 때문에 彐(彑)자 부수에 속하는 한자는 대부분 돼지 머리와 관련이 없다. 彗星(혜성)의 彗(비 혜)자와 語彙(어휘)의 彙(무리 휘)자가 그 부수에 속한다.

제사에 사용된 돼지머리

3획

터럭 삼

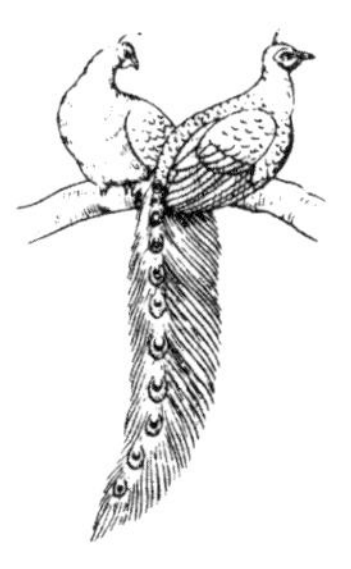

갑골문	금 문	소 전	예 서

글자의 뿌리 가지런히 나 있는 터럭을 표현한 글자이다. 후에 다양한 형태의 터럭을 세 개로 간략하게 나타냈는데, 이는 세 개가 많다는 의미를 지니기 때문이다.

뜻과 음 터럭을 나타낸 彡자는 그 뜻이 '터럭' 이 되었다.
彡자는 衫(적삼 삼)자나 杉(삼나무 삼)자에 덧붙여져 음의 역할을 하는데, 衫(삼)자나 杉(삼)자처럼 그 음이 '삼' 이다.
彡자는 그 뜻과 음을 합쳐 '터럭 삼' 이라 한다.

부수의 쓰임 옛날에 터럭은 흔히 장식(裝飾)을 하는 데 사용되었다. 따라서 彡자 부수에 속하는 한자는 대개 아름답게 장식한다는 뜻과 서로 관련이 있다. 다음은 그 부수에 속하는 한자이다.

形 (형상 형)	彩 (무늬 채)
彦 (선비 언)	彰 (밝을 창)
彬 (빛날 빈)	彪 (무늬 표)
彫 (새길 조)	影 (그림자 영)

터럭을 뽐내고 있는 새모습

歹 4획 歺 뼈 앙상할 알

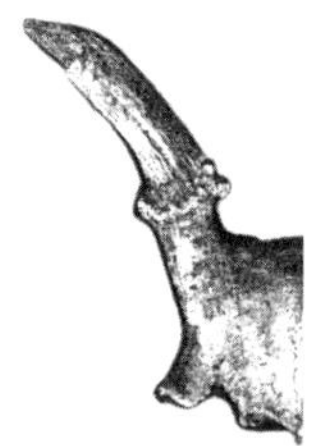

갑골문	금 문	소 전	예 서
[illegible]	[illegible]	[illegible]	歹

글자의 뿌리 살이 없어지고 뼈만 앙상하게 남아있는 모양을 표현한 글자이다.

뜻과 음 뼈가 앙상하게 남아 있는 모양에서 歹자는 그 뜻이 '뼈 앙상하다' 가 되었다.
歹자는 부수의 역할만 하는 글자로, 그 음이 '알' 이다.
歹자는 그 뜻과 음을 합쳐 '뼈 앙상할 알' 이라 한다.
歹자는 粲(정미 찬)자나 餐(먹을 찬)자에서 보듯 歺의 형태로 쓰이기도 한다.

부수의 쓰임 뼈만 앙상하게 남은 모양은 죽음이나 재난을 상징하므로 歹(歺)자 부수에 속하는 한자는 대부분 그 상징하는 의미와 관련이 있다. 다음은 그 부수에 속하는 한자이다.

死 (죽을 사)　殁 (죽을 몰)　殃 (재앙 앙)
殆 (위태할 태)　殊 (죽일 수)　殉 (따라 죽을 순)
殖 (번식할 식)　殘 (해칠 잔)　殞 (죽을 운)
殮 (염할 렴)　殲 (죽일 섬)

4획

毛 터럭 모

갑골문	금 문	소 전	예 서

글자의 뿌리 몇 가닥의 짧은 터럭과 한 가닥의 긴 터럭을 표현한 글자이다. 터럭은 한 가닥으로 그 의미를 분명히 나타내기 어려웠으므로 여러 가닥으로 나타냈다.

뜻과 음 터럭에서 비롯되었기 때문에 毛자는 그 뜻이 '터럭' 이 되었다. 毛髮(모발) · 毛皮(모피) · 羊毛(양모) · 純毛(순모) · 發毛劑(발모제) · 九牛一毛(구우일모)의 말에서 보듯 毛자는 그 음이 '모' 이다. 毛자는 그 뜻과 음을 합쳐 '터럭 모' 라 한다.

부수의 쓰임 毛자 부수에 속하면서 비교적 자주 사용되는 한자로는 毬(공 구) · 毫(가는 털 호) · 毯(담요 담)자가 있다.
尾(꼬리 미) · 耗(줄 모) · 麾(대장기 휘)자에서는 毛자가 글자 구성에 도움을 준다.

5획

짐승 발자국 유

갑골문	금 문	소 전	예 서

글자의 뿌리 소처럼 풀을 먹고 사는 짐승의 뭉툭한 발자국을 나타낸 것이다.

뜻과 음 짐승 발자국에서 비롯되었기 때문에 禸자는 그 뜻이 '짐승 발자국' 이 되었다.

禸자는 부수의 역할만 하는 글자로, 그 음이 '유' 이다.

따라서 禸자는 그 뜻과 음을 합쳐 '짐승 발자국 유' 라 한다.

부수의 쓰임 禸자 부수에 속하면서 오늘날 자주 사용되는 한자로는 禽獸(금수)의 禽(짐승 금)자 하나가 있을 뿐이다. 그러나 禸자 부수에는 偶(짝 우)·寓(머무를 우)·愚(어리석을 우)·遇(만날 우)자에서 음의 역할을 하는 禺(긴 꼬리 원숭이 우)자나 璃(유리 리)·離(떠날 리)자에서 음의 역할을 하는 离(산신 리)자도 속해 있다.

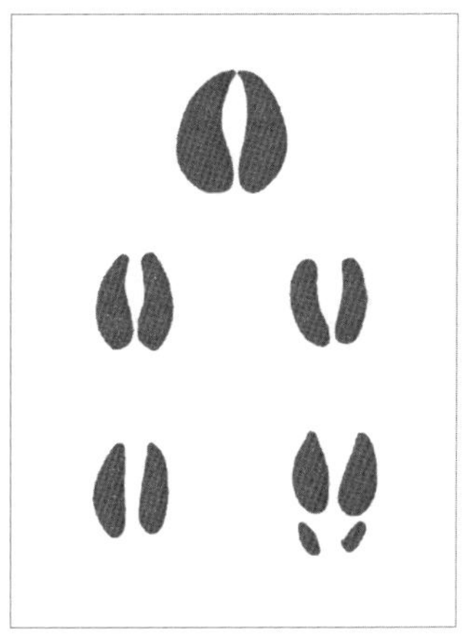

초식동물의 여러 발자국 모습

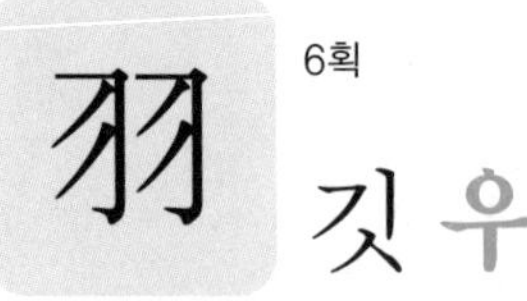

6획

羽 깃 우

갑골문	금 문	소 전	예 서
			羽

글자의 뿌리 깃을 표현한 글자로, 새의 두 날개에 있는 깃을 간단하게 나타낸 것이다.

뜻과 음 깃을 나타냈기 때문에 羽자는 그 뜻이 '깃' 이 되었다.
羽자는 羽翼(우익)이나 羽化(우화)란 말에서 보듯 그 음이 '우' 이다.
羽자는 그 뜻과 음을 합쳐 '깃 우' 라 한다.

부수의 쓰임 羽자 부수에 속하는 한자는 일반적으로 새의 깃털과 관련되어 이뤄진 뜻을 지닌다. 그런 한자를 살펴보면 다음과 같다.

翅 (날개 시)	翡 (물총새 비)	飜 (날 번)
翎 (깃 령)	翟 (꿩 적)	翼 (날개 익)
習 (익힐 습)	翠 (물총새 취)	耀 (빛날 요)
翌 (다음 날 익)	翩 (빨리 날 편)	翁 (늙은이 옹)
翔 (빙빙 돌아 날 상)	翰 (붓 한)	

6획

고기 육 | 月 육달월

갑골문	금 문	소 전	예 서

글자의 뿌리 고기를 표현한 글자인데, 한 덩어리의 고기를 저며 놓은 모습으로 나타냈다.

뜻과 음 고기를 나타냈기 때문에 肉자는 그 뜻이 '고기'가 되었다.
肉水(육수)·肉體(육체)·熟肉(숙육 → 수육)·筋肉(근육)·精肉店(정육점)·肉食動物(육식동물)·弱肉强食(약육강식)의 말에서 보듯 肉자는 그 음이 '육'이다.
肉자는 그 뜻과 음을 합쳐 '고기 육'이다.
肉자가 글자에 덧붙여져 사용될 때는 月의 형태로 간략하게 변화되어 쓰이는데, 이는 月(달 월)자와 비슷한 모양이다. 月의 형태는 月(달 월)자와 구별하기 위해 肉(육)자의 음 '육'을 '달 월'과 합쳐 '육달월'이라 한다. 月(육달월)은 가운데 두 선(線)이 양쪽에 모두 연결되어 있는 것이 특징인 반면에 月(달 월)자는 두 선이 왼쪽에만 붙는다. 그러나 오늘날에는 이를 크게 구분하지 않고 있다.

부수의 쓰임 肉(月)자를 부수로 삼는 한자는 흔히 신체의 한 부위, 또는 신체와 관련된 성질이나 상태에서 비롯된 뜻을 지닌다. 다음은 그 뜻의 쓰임에 따라 셋으로 나눈 것이다.

① 신체 부위와 관련된 한자

腦 (뇌 뇌)	肋 (갈빗대 륵)	肝 (간 간)
肛 (똥구멍 항)	肩 (어깨 견)	肱 (팔뚝 굉)
肢 (사지 지)	肺 (허파 폐)	背 (등 배)
胃 (밥통 위)	胞 (태보 포)	胴 (큰 창자 동)
脊 (등뼈 척)	脅 (갈빗대 협)	胸 (가슴 흉)
脾 (지라 비)	腎 (콩팥 신)	脣 (입술 순)
腑 (장부 부)	腋 (겨드랑이 액)	腕 (팔 완)
腸 (창자 장)	脚 (다리 각)	腹 (배 복)
腰 (허리 요)	膈 (흉격 격)	腿 (넓적다리 퇴)
膀 (오줌통 방)	膚 (살갗 부)	膝 (무릎 슬)
臍 (배꼽 제)	膽 (쓸개 담)	臟 (오장 장)
臀 (볼기 둔)	臆 (가슴 억)	膺 (가슴 응)
膵 (췌장 췌)		

② 신체와 관련된 성질이나 상태를 나타낸 한자

育 (기를 육)	肥 (살찔 비)	胚 (아이 밸 배)
脫 (벗을 탈)	腔 (빈 속 강)	腐 (썩을 부)
脹 (배부를 창)	膣 (새살 돋을 질)	膨 (부풀 팽)
肖 (닮을 초)		

③ 신체와 관련된 사물을 나타낸 한자

脯 (포 포)	肴 (안주 효)	膏 (기름 고)
膳 (반찬 선)	膿 (고름 농)	腫 (부스럼 종)
膾 (회 회)		

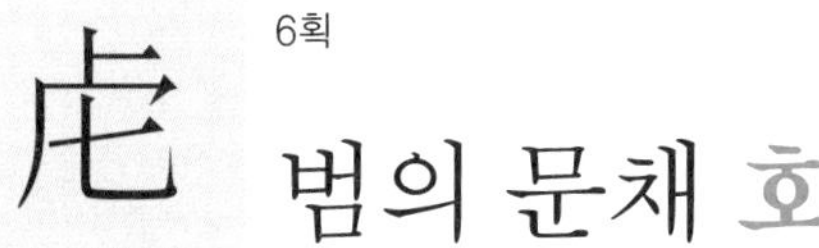

6획

虍 범의 문채 호

갑골문	금 문	소 전	예 서

❀글자의 뿌리 호리호리한 긴 몸에 크게 입을 벌리고 날카로운 이빨을 드러내고 있는 커다란 머리와 긴 꼬리가 특징적으로 표현된 범에서 일부분이 생략된 글자이다.

❀뜻과 음 범의 일부분이 생략되어 이뤄진 虍자는 후세 사람들이 글자의 형태를 잘못 분석한 데서 그 뜻이 '범의 문체'가 되었다.

虍자는 白虎(백호)·猛虎(맹호)·虎口(호구)·虎皮(호피)·虎視眈眈(호시탐탐)·虎死留皮(호사유피)의 虎자처럼 그 음이 '호'이다.

虍자는 그 뜻과 음을 합쳐 '범의 문채 호'라 한다.

범을 닮은 우리나라

❀부수의 쓰임 虍자 부수에 속하면서 일상생활에 자주 사용되는 한자로는 虎(범 호)·虐(사나울 학)·虔(정성 건)·處(곳 처)·虜(사로잡을 로)·虛(빌 허)·虞(염려할 우)·號(부르짖을 호)·虧(이지러질 휴)자가 있다.

角

7획

뿔 각

갑골문	금 문	소 전	예 서

글자의 뿌리 투박하고 거친 뿔을 표현한 글자이다. 위는 뾰족한 뿔끝을, 아래는 그 몸체를, 가운데는 무늬를 나타냈다.

뜻과 음 뿔을 나타냈기 때문에 角자는 그 뜻이 '뿔' 이다. 頭角(두각) · 鹿角(녹각) · 角逐戰(각축전) · 骨角器(골각기) · 矯角殺牛(교각살우) · 互角之勢(호각지세)의 말에서 보듯 角자는 그 음이 '각' 이다. 角자는 그 뜻과 음을 합쳐 '뿔 각' 이라 한다.

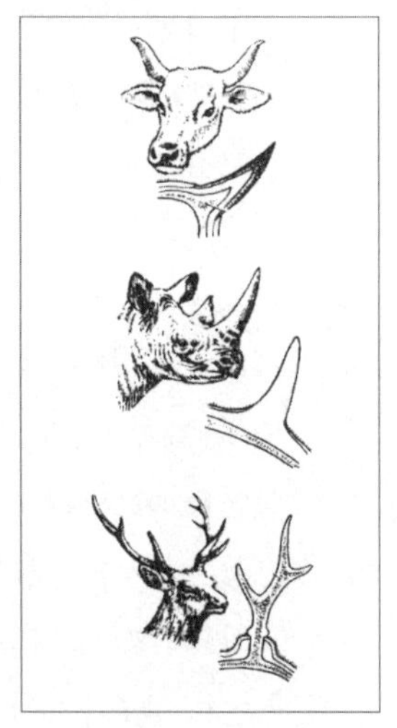

여러 동물의 뿔

부수의 쓰임 角자 부수에 속하는 한자로는 解釋(해석)의 解(풀 해), 接觸(접촉)의 觸(닿을 촉), 濫觴(남상)의 觴(잔 상)자가 비교적 자주 사용되고 있다. 그 가운데 解자는 소의 뿔을 칼로 자르는 상황에서 비롯된 한자이며, 觴자는 뿔이 술잔으로 사용되었음을 짐작하게 해 주는 한자이다.

釆 7획 분별할 변

갑골문	금 문	소 전	예 서
[illegible]	[illegible]	[illegible]	釆

글자의 뿌리 짐승 발자국을 표현한 글자이다. 발톱이 발달된 맹수와 같은 짐승의 발자국을 나타낸 것이다.

뜻과 음 옛날부터 사람은 흔히 땅에 찍힌 발자국을 보고 짐승의 종류를 분별하였다. 따라서 짐승 발자국에서 비롯된 釆자는 그 뜻이 '분별하다'가 되었다. 釆자는 부수의 역할만 하는 글자로, 그 음이 '변'이다. 釆자는 그 뜻과 음을 합쳐 '분별할 변'이라 한다.

부수의 쓰임 釆자 부수에 속하는 한자로는 釉藥(유약)의 釉(윤 유)자와 解釋(해석)의 釋(풀 석)자, 그리고 釆자 부수에 잘못 속하게 된 采(캘 채)자가 있다. 나아가 釆자는 飜(날 번=翻)·蕃(우거질 번)·藩(덮을 번)·燔(구울 번)·蟠(서릴 반)·播(뿌릴 파)자에서 음의 역할을 하는 番(차례 번)자의 구성에 도움을 주기도 한다.

맹수의 여러 발자국 모습

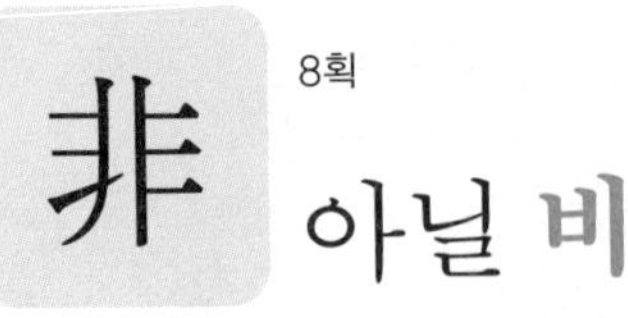

8획

非 아닐 비

갑골문	금 문	소 전	예 서

❀글자의 뿌리 새의 두 날개가 각기 다른 방향으로 펼쳐져 있는 모양을 표현한 글자이다.

❀뜻과 음 새가 날 때에는 두 날개가 반드시 서로 엇갈리게 된다. 때문에 새의 두 날개가 서로 엇갈린 모양에서 비롯된 非자는 엇갈려 바르지 아니한 상태가 되었다 하여 그 뜻이 '아니다' 가 되었다.
非자는 非情(비정) · 非凡(비범) · 非常口(비상구) · 非正常(비정상) · 非一非再(비일비재)의 말에서 보듯 그 음이 '비' 이다.
非자는 그 뜻과 음을 합쳐 '아닐 비' 라 한다.

❀부수의 쓰임 非자 부수에 속하면서 자주 사용되는 한자로는 風靡(풍미)의 靡(쓰러질 미)자 하나뿐이다. 그러나 非자가 덧붙여져 음의 역할을 하는 한자는 적지 않다. 다음은 그런 한자를 두 음으로 나누었다.

① '비' 의 음으로 읽히는 한자

悲 (슬플 비) 誹 (헐뜯을 비) 扉 (문짝 비) 翡 (물총새 비)
蜚 (바퀴 비) 匪 (대상자 비) 菲 (채소 이름 비) 緋 (붉은빛 비)

② '배' 의 음으로 읽히는 한자

排 (밀칠 배) 輩 (무리 배) 徘 (노닐 배)
俳 (광대 배) 裵 (옷 치렁치렁할 배 / 성 배=裴)

革 9획 가죽 혁

갑골문	금 문	소 전	예 서

❀글자의 뿌리 옷같은 것을 만들기 위해 손질하여 말리고 있는 동물 가죽을 표현한 글자이다. 머리와 몸체, 그리고 꼬리를 간략하게 나타냈다.

❀뜻과 음 동물의 가죽에서 비롯된 革자는 그 뜻이 '가죽' 이다.
皮革(피혁) · 改革(개혁) · 革帶(혁대) · 革新(혁신) · 易姓革命(역성혁명)의 말에서 보듯 革자는 그 음이 '혁' 이다.
革자는 그 뜻과 음을 합쳐 '가죽 혁' 이라 한다.

❀부수의 쓰임 革자 부수에 속하는 한자는 대개 가죽으로 만든 물건과 관련된 뜻을 지닌다. 다음은 그런 한자이다.

靴 (신 화) 鞍 (안장 안) 鞦 (그네 추)
靷 (가슴걸이 인) 鞋 (신 혜) 鞭 (채찍 편)
靺 (버선 말) 鞠 (공 국) 韆 (그네 천)

9획

風 바람 풍

갑골문	금 문	소 전	예 서

글자의 뿌리 돛〔凡〕과 더불어 봉황새〔鳳〕로 눈에 보이지 않는 바람을 표현한 글자이다.

뜻과 음 그 형태가 드러나지 않는 바람을 나타내기 위해 옛날 사람들은 돛과 더불어 봉황새를 빌려 사용했다. 그러다 후에 다시 돛에서 비롯된 凡(무릇 범)자에 虫(벌레 훼)자를 덧붙여 風자로 쓰면서 그 뜻 '바람'을 나타냈다. 虫자가 덧붙여진 것은 벌레〔虫〕가 바람에 민감하다고 여겼기 때문으로 보인다.

風자는 颱風(태풍) · 暴風(폭풍) · 扇風機(선풍기) · 風前燈火(풍전등화) · 秋風落葉(추풍낙엽)의 말에서 보듯 그 음이 '풍'이다. 風자는 그 뜻과 음을 합쳐 '바람 풍'이라 한다.

부수의 쓰임 風자 부수에 속하는 한자로는 颱風(태풍)의 颱(태풍 태)자와 飄然(표연)의 飄(회오리바람 표)자 정도가 비교적 자주 사용되고 있다. 丹楓(단풍)의 楓(단풍나무 풍)자와 諷刺(풍자)의 諷(욀 풍)자에서는 風자가 음의 역할을 한다.

飛 9획 날 비

갑골문	금 문	소 전	예 서

글자의 뿌리 새가 날개를 활짝 펴고 나는 모양을 표현한 글자이다. 위는 새의 머리를 나타냈고, 아래는 펼쳐진 날개를 나타냈다.

뜻과 음 새가 나는 모양에서 비롯된 飛자는 그 뜻이 '날다' 가 되었다. 飛翔(비상) · 飛虎(비호) · 飛行機(비행기) · 烏飛梨落(오비이락) · 風飛雹散(풍비박산)의 말에서 보듯 飛자는 그 음이 '비' 이다. 飛자는 그 뜻과 음을 합쳐 '날 비' 라 한다.

부수의 쓰임 飛자 부수에 속하는 한자로는 飜覆(번복)의 飜(뒤칠 번)자 단 하나만 오늘날 사용되고 있다.

10획

뼈 골

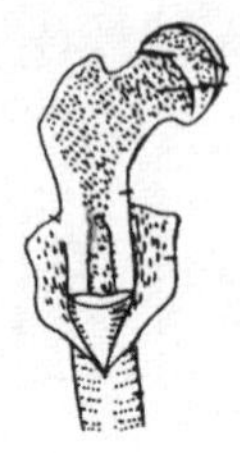

갑골문	금 문	소 전	예 서

글자의 뿌리 원래 위가 좁고 아래가 넓은 뼈를 간단한 형태로 표현한 글자였다가 후에 살을 나타내는 肉(고기 육)자의 변화된 형태인 月(육달월)을 덧붙이면서 그 뜻을 더욱 분명히 했다.

뜻과 음 뼈를 나타낸 데서 骨자는 그 뜻이 '뼈'가 되었다.

白骨(백골)·骸骨(해골)·骨折(골절)·骨肉(골육)·納骨堂(납골당)·粉骨碎身(분골쇄신)·刻骨難忘(각골난망)의 말에서 보듯 骨자는 그 음이 '골'이다.

骨자는 그 뜻과 음을 합쳐 '뼈 골'이라 한다.

부수의 쓰임 骨자 부수에 속하면서 일상생활에 비교적 자주 사용되는 한자로는 骸(뼈 해)·髀(넓적다리 비)·髓(골수 수)·髏(해골 루)·體(몸 체)·髑(해골 촉)자가 있다.

滑(미끄러울 활)자와 猾(교활할 활)자는 骨자가 음의 역할을 한다.

제 2 장 식물 관련 부수

옛날 사람들은 정착(定着) 생활을 하지 않고, 돌아다니며 사냥이나 열매 등을 채취(採取)하여 몸에 필요한 영양분(營養分)을 섭취(攝取)했다. 그러나 도구(道具)가 발달되지 않았던 시절에 사냥으로 동물을 잡는 일은 쉬운 일이 아니었다. 따라서 사람에게 필요한 음식의 대부분은 채취 활동을 통해 이뤄졌는데, 그런 과정에서 먹을 수 있는 초목(草木)을 구분할 수 있게 되었다. 뿐만 아니라 후대로 내려오면서 정착생활을 하여 식용(食用)할 수 있는 식물을 키우기도 했다.

바로 그런 식물이나 그런 식물과 관련되어 글자가 이뤄진 부수인 木(나무 목)·瓜(오이 과)·禾(벼 화)·竹(대 죽)·米(쌀 미)·艸(풀 초)·韭(부추 구)·麥(보리 맥)·麻(삼 마)·黍(기장 서)·乙(새 을)·氏(성씨 씨)·爿(조각 널 장)·片(조각 편)·生(날 생)·靑(푸를 청)·香(향기 향)·齊(가지런할 제)자에 대해 살펴보기로 하겠다.

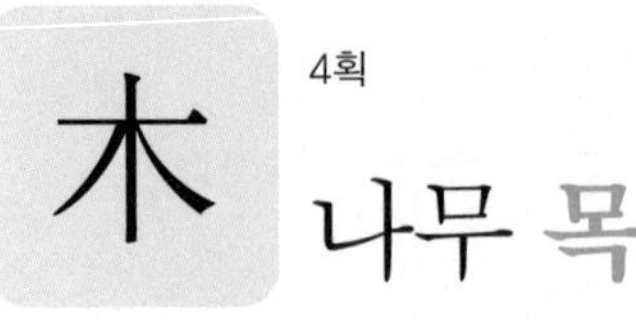

木 나무 목

4획

갑골문	금 문	소 전	예 서
			木

글자의 뿌리 나무를 표현한 글자이다. 가지와 줄기, 그리고 뿌리가 있는 나무를 가장 간략한 형태로 나타냈다.

뜻과 음 나무 모양에서 비롯된 木자는 그 뜻이 '나무'이다. 木手(목수)·木馬(목마)·巨木(거목)·苗木(묘목)·植木日(식목일)·木造建物(목조건물)·木刻人形(목각인형)에서 보듯 木자는 그 음이 '목'이다. 木자는 그 뜻과 음을 합쳐 '나무 목'이라 한다.

부수의 쓰임 나무는 그 종류가 매우 많고 쓰임도 매우 다양하여 사람의 생활이나 생산 활동에 밀접한 관계를 지닌다. 따라서 한자 가운데에는 木자를 부수로 삼는 글자가 매우 많다. 그런 한자의 뜻은 대체로 나무의 종류나 나무의 각 부분 명칭, 또는 나무로 만든 물건과 관계가 있다. 다음은 그 뜻의 쓰임에 따라 나눠 본 것이다.

① 나무의 종류와 관련된 한자

松 (소나무 송) 楊 (버들 양) 柳 (버들 류)
桑 (뽕나무 상) 梧 (벽오동나무 오) 桐 (오동나무 동)
楓 (단풍나무 풍) 梅 (매화나무 매) 桂 (계수나무 계)

櫻 (앵두나무 앵) 杜 (팥배나무 두) 桃 (복숭아나무 도)
李 (오얏 리) 杏 (살구나무 행) 柹 (감나무 시)
柑 (감자나무 감) 朴 (후박나무 박) 柏 (잣나무 백)
栗 (밤 률) 梨 (배나무 리) 棘 (멧대추나무 극)
棗 (대추나무 조) 楚 (모형 초) 槿 (무궁화나무 근)
橘 (귤나무 귤) 檀 (박달나무 단)

② 나무의 구성 성분과 관련된 한자

根 (뿌리 근) 枝 (가지 지) 條 (가지 조)
果 (실과 과) 核 (씨 핵) 枚 (줄기 매)
株 (그루 주) 標 (나무 끝 표) 材 (재목 재)
樵 (땔나무 초) 柴 (섶 시)

③ 나무와 관련이 있는 기타 글자

枯 (마를 고) 朽 (썩을 후) 柔 (부드러울 유)
村 (마을 촌) 染 (물들일 염) 栖 (깃들일 서)
本 (밑 본) 栽 (심을 재) 梟 (올빼미 효)
棲 (살 서) 植 (심을 식) 棧 (잔도 잔)
構 (얽을 구)

④ 목재 건축물 관련자

橋 (다리 교) 樓 (다락 루) 棚 (시렁 붕)
柵 (울창 책) 欄 (난간 란) 柱 (기둥 주)
棟 (용마루 동) 梁 (들보 량) 樞 (지도리 추)
檻 (우리 함) 校 (학교 교) 樊 (울 번)

⑤ 목재로 만든 기물 관련자

椅 (걸상 의) 架 (시렁 가) 案 (책상 안)
桶 (통 통) 棍 (몽둥이 곤) 棒 (몽둥이 봉)
柄 (자루 병) 械 (형틀 계) 機 (틀 기)
榜 (매 방) 棋 (바둑 기) 棺 (널 관)
櫃 (함 궤) 机 (책상 궤) 杖 (지팡이 장)
杯 (잔 배) 枕 (베개 침) 板 (널빤지 판)
柩 (널 구) 桎 (차꼬 질) 梏 (쇠고랑 곡)
椎 (몽치 추) 櫛 (빗 즐) 槌 (망치 추)
槍 (창 창) 槪 (평미레 개) 槽 (구유 조)
欌 (장롱 장) 槨 (덧널 곽)

瓜 5획 오이 과

갑골문	금 문	소 전	예 서

글자의 뿌리 덩굴에 매달려 있는 오이를 표현한 글자이다. 바깥 부분은 덩굴을 나타냈고, 가운데 부분은 열매인 오이를 나타냈다.

뜻과 음 오이를 나타냈기 때문에 瓜자는 그 뜻이 '오이' 이다.
木瓜(목과 → 모과) · 瓜年(과년) · 種瓜得瓜(종과득과) · 瓜田不納履(과전불납리)의 말에서 보듯 瓜자는 그 음이 '과' 이다.
瓜자는 그 뜻과 음을 합쳐 '오이 과' 라 한다.

부수의 쓰임 瓜자 부수에 속하면서 비교적 자주 사용되는 한자로는 簞食瓢飮(단사표음)의 瓢(박 표)자와 心臟瓣膜症(심장판막증)의 瓣(외씨 판)자가 있을 뿐이다. 오히려 瓜자는 孤(외로울 고) · 呱(울 고) · 狐(여우 호) · 弧(활 호)자에서 보듯 음의 역할을 하는 데 더 자주 사용되고 있다.

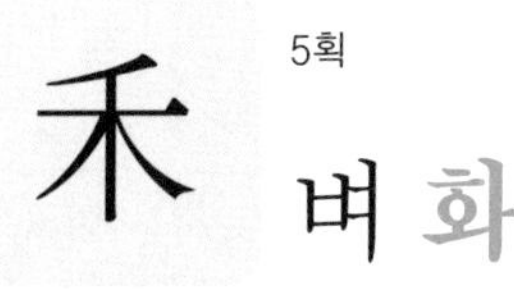

禾 5획 벼 화

갑골문	금 문	소 전	예 서

글자의 뿌리 이삭을 드리우고 있는 벼를 표현한 글자이다. 이삭과 이어진 줄기에서 위는 길다란 잎을 아래는 뿌리를 나타냈다.

뜻과 음 벼를 나타냈기 때문에 禾자는 그 뜻이 '벼' 이다.
禾자는 和(화할 화)자에 덧붙여져 음의 역할을 하는데, 和睦(화목)이나 平和(평화)의 和(화)자처럼 禾자도 그 음이 '화' 이다.
禾자는 그 뜻과 음을 합쳐 '벼 화' 라 한다.

부수의 쓰임 예부터 벼는 사람들이 중요하게 여긴 곡물(穀物)이기 때문에 禾자 부수에 속하는 한자는 곡물의 종류나 곡물과 관련된 동작에서 비롯된 뜻을 지닌다.
다음은 그런 한자를 둘로 나눠본 것이다.

① 곡물이나 곡물의 부위와 관련된 한자

秧 (모 앙) 稗 (피 패) 秒 (까끄라기 묘 · 시간 단위 초)
種 (씨 종) 稿 (볏짚 고) 穀 (곡식 곡)
稻 (벼 도) 稷 (기장 직) 穗 (이삭 수)
稜 (모 릉) 穎 (이삭 영)

② 곡물과 관련된 동작(상태)과 관련된 한자

秀 (빼어날 수) 秉 (잡을 병) 秩 (차례 질)
移 (옮길 이) 稚 (어릴 치) 稟 (녹 품)
稼 (심을 가) 積 (쌓을 적) 穫 (거둘 확)
稀 (드물 희) 稠 (빽빽할 조)

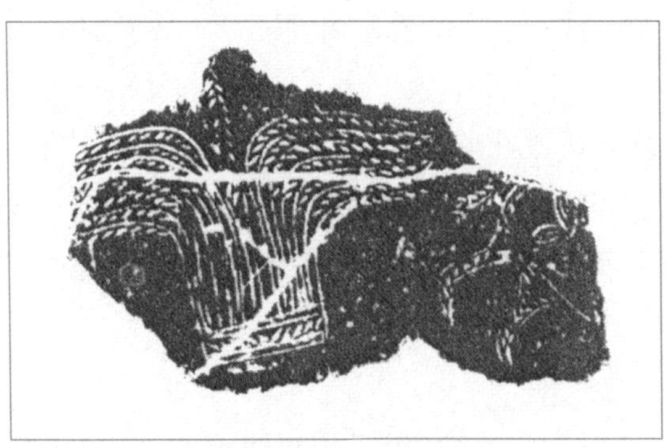

옛날 유적에 보이는 벼무늬

竹 6획 대 죽 | ⺮ 대죽머리

갑골문	금 문	소 전	예 서

글자의 뿌리 대(대나무)를 표현한 글자이다. 대의 가느다란 두 줄기에 잎이 붙은 형태로 나타냈다.

뜻과 음 대(대나무)에서 비롯되었기 때문에 竹자는 그 뜻이 '대'가 되었다.

竹筍(죽순)·烏竹(오죽)·合竹扇(합죽선)·竹夫人(죽부인)·竹馬故友(죽마고우)·竹細工品(죽세공품)의 말에서 보듯 竹자는 그 음이 '죽'이다. 竹자는 그 뜻과 음을 합쳐 '대 죽'이라 한다.

竹자가 다른 글자에 덧붙여져 사용될 때는 ⺮의 형태로 쓰이는데, 이는 '대죽머리'라 한다. 글자에서 덧붙여지는 위치가 항상 머리 부분이기 때문에 '머리'를 합쳐 부른 것이다.

부수의 쓰임 대(대나무)는 인간 생활에 매우 유용(有用)한 식물이다. 때문에 많은 한자가 竹(⺮)자 부수에 속해 있다. 그런 한자의 뜻은 대개 대로 만들어진 물건과 관련이 있다. 다음은 그 뜻의 쓰임에 따라 셋으로 나눠 본 것이다.

① 대로 만들어진 물건과 관련된 한자

管 (대롱 관)	筒 (대통 통)	箭 (화살 전)
箕 (키 기)	笠 (삿갓 립)	符 (부신 부)
策 (채찍 책)	箱 (상자 상)	箸 (젓가락 저)
節 (마디 절)	簞 (대광주리 단)	簪 (비녀 잠)
簾 (발 렴)	籃 (바구니 람)	籠 (대그릇 롱)
笊 (조리 조)	笄 (비녀 계)	筵 (대자리 연)
箔 (발 박)	簽 (농 첨)	

② 저술과 관련된 한자

筆 (붓 필)	籍 (서적 적)	篇 (책 편)
簿 (장부 부)	箋 (찌지 전)	箴 (바늘 잠)
篆 (전자 전)	簡 (대쪽 간)	笈 (책 상자 급)

③ 악기와 관련된 한자

笛 (피리 적)	簫 (퉁소 소)	笙 (생황 생)
箏 (쟁 쟁)	簧 (피리 황)	筑 (악기 이름 축)
笳 (갈잎피리 가)	箜 (공후 공)	篌 (공후 후)

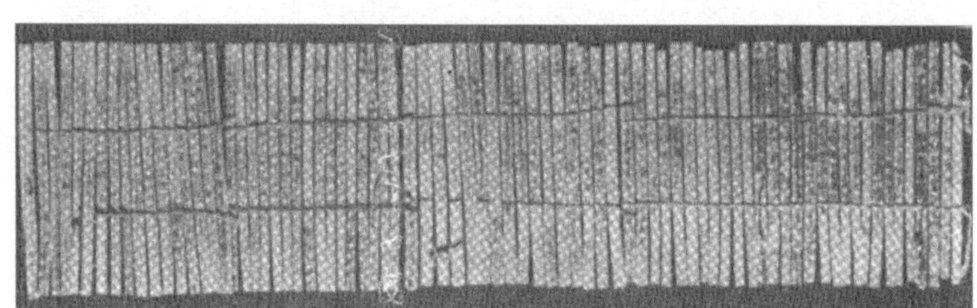

대쪽으로 만든 옛날의 책

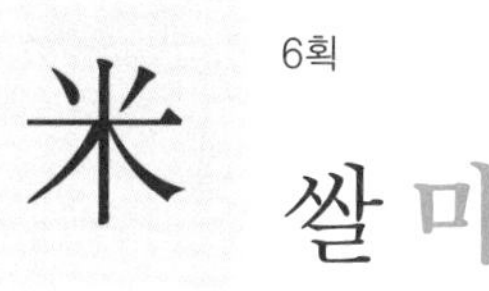

米 6획 쌀 미

갑골문	금 문	소 전	예 서

글자의 뿌리 벼 이삭을 표현한 글자이다. 이삭에는 쌀이 되는 벼의 낟알이 양쪽에 나란히 달린 모습이 나타나 있다.

뜻과 음 벼 이삭에 달린 낟알을 나타냈기 때문에 米자는 낟알의 껍질을 벗긴 알맹이와 관련하여 그 뜻이 '쌀'이 되었다.

米자는 白米(백미)·玄米(현미)·米色(미색)·米飮(미음)·供養米(공양미)·精米所(정미소)의 말에서 보듯 그 음이 '미'이다.

米자는 그 뜻과 음을 합쳐 '쌀 미'라 한다.

부수의 쓰임 米자 부수에 속하는 한자는 일반적으로 쌀과 같은 곡류(穀類)와 관련된 뜻을 지닌다. 다음은 그런 한자이다.

粉 (가루 분)	粥 (죽 죽)	糖 (엿 당)
粒 (알 립)	粱 (기장 량)	糠 (겨 강)
粘 (끈끈할 점)	粹 (순수할 수)	糞 (똥 분)
粗 (거칠 조)	精 (쓿은 쌀 정)	糟 (지게미 조)
粟 (조 속)	糊 (풀 호)	糧 (양식 량)
粧 (단장할 장)	糕 (떡 고)	

艸 풀 초 | ++ 초두

6획

갑골문	금 문	소 전	예 서
			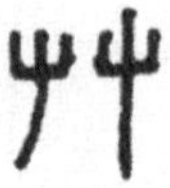
		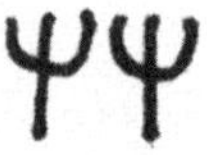	

글자의 뿌리 두 포기의 풀을 표현한 글자이다. 풀은 비교적 작으면서 모여서 자라기 때문에 두 포기로 나타낸 것이다.

뜻과 음 풀을 나타냈기 때문에 艸자는 그 뜻이 '풀' 이 되었다.

艸자는 오늘날 잘 쓰이지 않고, 그 형태에 음(音)의 역할을 하는 早(이를 조)자를 덧붙인 草(풀 초)자가 대신 흔히 쓰이고 있다. 草자는 藥草(약초)·雜草(잡초)·除草劑(제초제)·草食動物(초식동물)·結草報恩(결초보은)의 말에서 보듯 '초' 의 음을 지니는데, 艸자도 그 음이 '초' 이다.

艸자는 그 뜻과 음을 합쳐 '풀 초' 라 한다.

艸자가 글자에 덧붙여질 때는 ++의 형태로 변화되어 쓰인다. ++는 艸자의 음(音)인 '초' 에 글자에서 항상 머리 부분에 쓰이므로 머리를 뜻하는 頭(머리 두)자의 음인 '두' 를 합쳐 '초두' 라 한다.

부수의 쓰임 옛날 사람들은 오늘날처럼 식물을 엄격하게 분류하지 못하였다. 따라서 艸(++)자를 부수로 삼는 한자에는 풀과 관련된 초본(草本) 식물 외에 균류(菌類)와 같은 하등식물뿐 아니라 나무와 같은 목본(木本) 식물도 포함되어 있다. 그러나 대부분의 한자는 줄기가 연약한 초목이나 그런 초목의 상태, 혹은 각 부분의 명칭과 관련된 뜻을 지닌다. 다음은 그런 한자를 뜻의 쓰임에 따라 몇 가지로 구분한 것이다.

① 식물의 명칭과 관련된 한자

(1) 초본(풀) 식물

芭 (파초 파) 葛 (칡 갈) 荷 (연 하)
蓮 (연 련) 菊 (국화 국) 菽 (콩 숙)
菖 (창포 창) 蒐 (꼭두서니 수) 蒲 (부들 포)
蓬 (쑥 봉) 蔘 (인삼 삼) 蕉 (파초 초)
薑 (생강 강) 藍 (쪽 람) 芙 (연꽃 부)
蓉 (연꽃 용) 蘆 (갈대 로) 蘇 (차조기 소)
蘭 (난초 란)

(2) 하등식물(균류)

藻 (말 조) 苔 (이끼 태) 蘚 (이끼 선)
菌 (버섯 균) 芝 (영지 지)

(3) 목본(나무) 식물

茶 (차 다(차)) 茱 (수유 수) 葡 (포도 포)
萄 (포도 도) 荊 (모형나무 형) 萸 (수유 유)
蕣 (무궁화 순) 薔 (장미 장) 藤 (등나무 등)

② 식물의 일부분을 나타낸 한자

芽 (싹 아) 苗 (싹 묘) 莖 (줄기 경)
花 (꽃 화) 薪 (섶나무 신) 英 (꽃부리 영)
萌 (싹 맹) 菓 (과일 과) 菜 (나물 채)

華 (꽃 화)　葉 (잎 엽)　蔓 (덩굴 만)
蔬 (푸성귀 소)

③ 식물의 생장 과정과 관련된 한자

芳 (꽃다울 방)　茂 (우거질 무)　荒 (거칠 황)
茸 (무성할 용)　玆 (무성할 자)　莊 (풀 성한 모양 장)
萎 (시들 위)　落 (떨어질 락)　蕪 (거칠어질 무)
蕃 (우거질 번)　蒼 (푸를 창)

④ 식물과 관련되어 이뤄진 의미나 사물을 나타낸 한자

蔽 (덮을 폐)　蒙 (덮을 몽)　蓋 (덮을 개)
藏 (감출 장)　蓄 (쌓을 축)　蕩 (쓸어 없앨 탕)
葬 (장사 지낼 장)　藥 (약 약)　藉 (깔개 자)
藝 (심을 예)　茫 (아득할 망)　苛 (매울 가)
苦 (쓸 고)　著 (드러날 저)　蒸 (찔 증)
薄 (엷을 박)

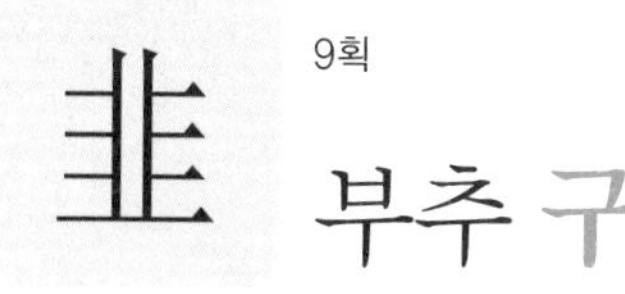

9획

韭 부추 구

갑골문	금 문	소 전	예 서

❀글자의 뿌리 부추를 표현한 글자이다. 아래의 선(線)은 땅을 나타냈고, 그 위는 부추 줄기가 많이 나 있는 모양을 나타냈다.

❀뜻과 음 부추에서 비롯되었기 때문에 韭자는 그 뜻이 '부추' 이다. 韭자는 오늘날 잘 사용되지 않는 말이지만 韭菜(구채)나 韭菹(구저)에서 보듯 그 음이 '구' 이다.
韭자는 그 뜻과 음을 합쳐 '부추 구' 라 한다.

❀부수의 쓰임 韭자 부수에 속하면서 오늘날 비교적 자주 사용되는 한자는 단 하나도 없다. 그러나 殲(멸할 섬) · 纖(가늘 섬) · 籤(제비 첨) · 懺(뉘우칠 참) · 讖(참서 참)자에서 음의 역할을 하는 韱(산 부추 섬)자가 그 부수에 속한다.

11획

보리 맥

갑골문	금 문	소 전	예 서
			麦

글자의 뿌리 보리를 표현한 글자이다. 줄기가 곧고 길다란 잎은 아래로 숙여졌으나 이삭이 꼿꼿하고, 맨아래는 뿌리를 나타냈다.

뜻과 음 보리 모습에서 麥자는 그 뜻이 '보리' 가 되었다.
菽麥(숙맥) · 麥酒(맥주) · 小麥粉(소맥분) · 麥秀之嘆(맥수지탄) · 麥藁帽子(맥고모자)의 말에서 보듯 麥자는 그 음이 '맥' 이다.
麥자는 그 뜻과 음을 합쳐 '보리 맥' 이라 한다.

부수의 쓰임 麥자 부수에 속하는 한자로는 冷麵(냉면)이나 溫麵(온면)의 麵(밀가루 면)자와 麴醇傳(국순전)이나 麴先生傳(국선생전)의 麴(누룩 국)자 정도가 비교적 자주 사용되고 있다.

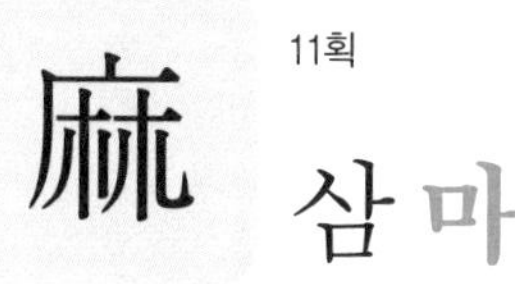

11획

麻 삼 마

갑골문	금 문	소 전	예 서
	𢇁	麻	麻

글자의 뿌리 이미 껍질이 벗겨진 두 그루의 삼이 집 안에 있는 모양을 표현한 글자이다. 삼은 그 껍질을 벗겨 베를 짜는 데 사용하게 되는데, 대개 이런 일은 집 안에서 이뤄진다. 따라서 집 모양에서 비롯된 广(집 엄)자가 덧붙여졌다.

뜻과 음 삼과 관련이 있기 때문에 麻자는 그 뜻이 '삼'이 되었다.
麻布(마포)·麻袋(마대)·大麻草(대마초)·麻衣太子(마의태자)·麻中之蓬(마중지봉)의 말에서 보듯 麻자는 그 음이 '마'이다.
麻자는 그 뜻과 음을 합쳐 '삼 마'라 한다.

부수의 쓰임 麻자 부수에 속하는 한자로는 麾下(휘하)의 麾(대장기 휘)자가 비교적 자주 사용되고 있다. 아울러 麻자는 磨(갈 마)·摩(갈 마)·魔(마귀 마)·痲(저릴 마)·靡(쓰러질 미)자의 구성에 도움을 주면서 음의 역할을 하기도 한다.

12획

黍 기장 서

갑골문	금 문	소 전	예 서

글자의 뿌리 기장을 표현한 글자이다. 줄기가 곧은 이삭이 위로 올라갔다가 끝이 아래로 늘어진 모양으로 나타냈다. 아울러 물의 형상이 덧붙여지는데, 이는 기장이 물기가 많은 곡물이기 때문으로 보인다.

뜻과 음 기장과 관련하여 黍자는 그 뜻이 '기장' 이 되었다.
黍자는 옛날 나라의 제사(祭祀)에 사용했던 기장과 피를 이르는 말인 黍稷(서직)에서 보듯 그 음이 '서' 이다.
黍자는 그 뜻과 음을 합쳐 '기장 서' 라 한다.

부수의 쓰임 黍자를 부수로 삼는 한자로는 黏液(점액)의 黏(차질 점)자와 黎明(여명)의 黎(검을 려)자 정도가 오늘날 일상생활에서 비교적 자주 사용되고 있다.

1획

새 을

갑골문	금 문	소 전	예 서

글자의 뿌리 자라기 어려운 상태에 있는 초목(草木)이 굽어서 나는 모양을 표현한 글자로 보인다.

뜻과 음 굽어서 나는 초목으로 여겨지는 형태에 대해 옛날 사람들은 새를 닮은 글자로 보았기 때문에 乙자는 그 뜻이 '새'가 되었다.
乙자는 오늘날 년(年)·월(月)·일(日)·시(時)를 나타내는 데 흔히 사용되는데, 乙巳年(을사년)이나 乙未事變(을미사변)의 乙자가 바로 그런 경우이다. 乙巳(을사)나 乙未(을미)의 말에서 보듯 乙자는 그 음이 '을'이다.
따라서 乙자는 그 뜻과 음을 합쳐 '새 을'이라 한다.

부수의 쓰임 乙자 부수에는 乚의 형태가 덧붙여진 한자도 포함되어 있다. 따라서 九(아홉 구)·乞(빌 걸)·乾(하늘 건)자뿐 아니라 也(어조사 야)·乳(젖 유)·亂(어지러울 란)자도 乙자 부수에 속한다. 그러나 모두가 乙(乚)자의 뜻과 관련이 없다.

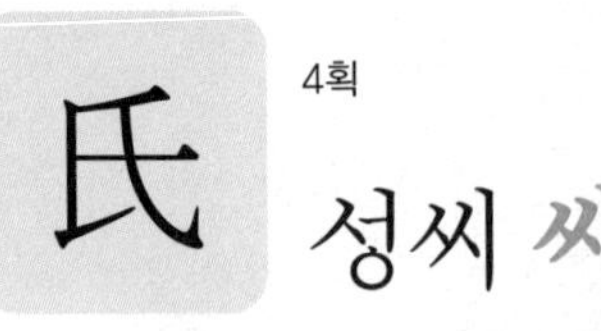

4획

氏 성씨 씨

갑골문	금 문	소 전	예 서

글자의 뿌리 분명하진 않지만 땅 속의 굽은 나무뿌리가 땅 위로 조금 나온 모양을 표현한 글자로 보인다.

뜻과 음 한 뿌리에 이어진 일부분이 땅 위로 솟아 나온 데서 氏자는 한 혈통(血統)으로 이어지면서 한 조상(祖上)을 같이 받드는 종족(種族)과 관련하여 그 뜻이 '성씨'가 된 것으로 보인다.
氏자는 姓氏(성씨)·宗氏(종씨)·兄氏(형씨)·無名氏(무명씨)·氏族社會(씨족사회)의 말에서 보듯 그 음이 '씨'이다.
氏자는 그 뜻과 음을 합쳐 '성씨 씨'라 한다.

부수의 쓰임 氏자를 부수로 삼으면서 비교적 자주 사용되는 한자에는 國民(국민)의 民(백성 민)자 단 하나뿐이다. 그러나 民자는 氏자와 관련이 없으며, 서로 비슷한 형태로 말미암아 그 부수에 속하게 되었다. 그 외에 低(낮을 저)·底(밑 저)·抵(막을 저)·邸(집 저)자에서 음의 역할을 하는 氐(근본 저)자도 그 부수에 속한다.

爿 4획

조각 널 장

갑골문	금 문	소 전	예 서
[illegible]	[illegible]	[illegible]	[illegible]

글자의 뿌리 나무(木)의 한 가운데를 세로로 잘랐을 때에 그 왼쪽 반 조각을 표현한 글자이다.

뜻과 음 나무의 왼쪽 반 조각을 나타낸 데서 爿자는 조각과, 판판한 나무를 이르는 널을 합쳐 그 뜻이 '조각 널' 이 되었다.

爿자는 주로 다른 글자 구성에 도움을 주면서 음의 역할을 한다. 壯士(장사)의 壯(씩씩할 장), 將軍(장군)의 將(장수 장), 貯藏(저장)의 藏(감출 장)자가 바로 그런 글자인데, 壯(장)·將(장)·藏(장)자처럼 爿자도 그 음이 '장' 이다.

爿자는 그 뜻과 음을 합쳐 '조각 널 장' 이라 한다.

부수의 쓰임 爿자가 덧붙여지는 한자는 대부분 '장' 의 음을 지닌다. 다음은 모두 그런 유형의 한자이다.

將 (장수 장)	莊 (풀 성한 모양 장)
獎 (권면할 장)	臧 (착할 장)
醬 (젓갈 장)	贓 (장물 장)
蔣 (줄 장)	藏 (감출 장)
漿 (미음 장)	欌 (장롱 장)
壯 (씩씩할 장)	臟 (오장 장)
裝 (꾸밀 장)	牆 (담 장)

그 외에 狀(형상 상 · 문서 장)자나 牀(평상 상)자도 '장'의 음과 비슷한 '상'의 음을 지닌다. 그러나 위에서 爿자 부수에 속하는 한자는 牀자와 牆자 뿐이다.

片 4획 조각 편

갑골문	금 문	소 전	예 서

글자의 뿌리 나무〔木〕의 한 가운데를 세로로 잘랐을 때에 그 오른쪽 반 조각을 표현한 글자이다.

뜻과 음 나무의 오른쪽 반 조각을 나타낸 데서 片자는 그 뜻이 '조각'이 되었다.

片肉(편육)·片道(편도)·破片(파편)·斷片(단편)·片麻巖(편마암)·一片丹心(일편단심)·一葉片舟(일엽편주)에서 보듯 片자는 그 음이 '편' 이다.

片자는 그 뜻과 음을 합쳐 '조각 편' 이라 한다.

부수의 쓰임 片자 부수에 속하는 한자는 일반적으로 평평한 나무 조각을 이용해 만들었던 서책(書冊)과 관련된 뜻을 지닌다. 出版(출판)의 版(널 판), 門牌(문패)의 牌(패 패), 鬪牋(투전)의 牋(장계 전), 簡牘(간독)의 牘(편지 독), 請牒狀(청첩장)의 牒(글씨판 첩)자가 바로 그런 한자이다.

生 날 생

5획

갑골문	금 문	소 전	예 서

❀글자의 뿌리 땅 위로 초목의 싹이 움터 나는 모습을 표현한 글자이다. 아래는 흙을, 위는 움터 나는 싹을 나타냈다.

❀뜻과 음 땅 위로 초목의 싹이 움터 난다 하여 生자는 그 뜻이 '나다' 가 되었다.

生日(생일) · 生母(생모) · 人生(인생) · 出生(출생) · 生離別(생이별) · 起死回生(기사회생) · 九死一生(구사일생)의 말에서 보듯 生자는 그 음이 '생' 이다.

生자는 그 뜻과 음을 합쳐 '날 생' 이라 한다.

❀부수의 쓰임 生자 부수에 속하면서 비교적 자주 사용되는 한자로는 產(낳을 산)자와 甥(생질 생)자 뿐이다. 그 가운데 甥자는 生자가 음의 역할을 하기도 하는데, 牲(희생 생) · 笙(생황 생) · 性(성품 성) · 姓(성 성) · 星(별 성) · 旌(기 정)자 역시 같은 경우의 한자이다.

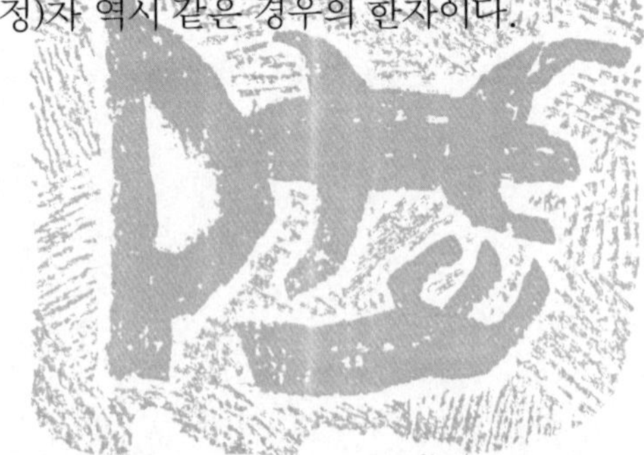

8획

푸를 청

갑골문	금 문	소 전	예 서

글자의 뿌리 땅 위로 싹이 움터 나는 풀과 우물이 서로 어우러진 모습을 표현한 글자이다. 풀이 물기가 많은 우물 주위에서 잘 자라기 때문에 두 형태가 합쳐진 것이다.

뜻과 음 풀과 우물에서 비롯된 靑자는 우물 주위에서 무성하게 자라는 풀의 색깔과 관련하여 그 뜻이 '푸르다'가 된 것으로 보인다. 실제로 '푸르다' 란 말은 '풀'에서 비롯되었다.

靑자는 靑山(청산) · 靑瓷(청자) · 靑瓦臺(청와대) · 靑信號(청신호) · 靑出於藍(청출어람) · 獨也靑靑(독야청청)의 말에서 보듯 그 음이 '청' 이다.

靑자는 그 뜻과 음을 합쳐 '푸를 청' 이라 한다.

부수의 쓰임 靑자 부수에 속하는 한자로는 靜肅(정숙)의 靜(고요할 정)자와 靖難(정난)의 靖(편안할 정)자가 있다. 그런데 靜(정)자와 靖(정)자는 靑자가 음의 역할을 하기도 한다. 그처럼 靑자가 덧붙여져 음의 역할을 하는 글자가 적지 않은데, 다음은 그런 한자를 두 음으로 구분하였다.

① **'청'의 음으로 읽히는 한자**

淸 (맑을 청) 請 (청할 청) 晴 (갤 청)
菁 (부추 꽃 청) 鯖 (청어 청) 蜻 (귀뚜라미 청)

② **'정'의 음으로 읽히는 한자**

精 (자세할 정) 情 (뜻 정) 靜 (고요할 정)
凊 (서늘할 정) 睛 (눈동자 정) 靖 (편안할 정)

香 9획 향기 향

갑골문	금 문	소 전	예 서

글자의 뿌리 벼와 같은 곡물과 그릇이 어우러진 모습을 표현한 글자이다.

뜻과 음 생존(生存)을 위해 먹는 일을 해결하는 것이 중요했던 옛날에는 곡물(穀物)이 익혀졌을 때에 나는 냄새가 사람에게 가장 좋게 여겨졌을 것이다. 때문에 곡물과 곡물을 담는 그릇에서 비롯된 香자가 좋은 냄새와 관련하여 '향기' 란 뜻을 지니게 되었다.
香자는 香氣(향기) · 香水(향수) · 蘭香(난향) · 墨香(묵향) · 香辛料(향신료) · 芳香劑(방향제)의 말에서 보듯 그 음이 '향' 이다.
香자는 그 뜻과 음을 합쳐 '향기 향' 이라 한다.

부수의 쓰임 香자 부수에 속하면서 일상생활에서 비교적 자주 사용되는 한자는 단 하나도 없다. 그러나 그 부수에는 사람 이름에서 가끔 볼 수 있는 馝(향기로울 필) · 馥(향기 복) · 馨(향기 형)자가 포함되어 있다.

齊

14획

가지런할 제

갑골문	금 문	소 전	예 서

❀글자의 뿌리 사람이 길러서 가지런히 자란 곡물을 표현한 글자이다. 나중에 글자의 아래에 =의 형태를 덧붙여 가지런하다는 뜻을 더욱 분명히 나타냈다.

❀뜻과 음 가지런히 자란 곡물 모습에서 齊자는 그 뜻이 '가지런하다' 가 되었다. 一齊(일제)·齊唱(제창)·修身齊家(수신제가)·衣冠整齊(의관정제)의 말에서 보듯 齊자는 그 음이 '제' 이다.

齊자는 그 뜻과 음을 합쳐 '가지런할 제' 라 한다.

❀부수의 쓰임 齊자 부수에 속하면서 오늘날 비교적 자주 사용되는 한자로는 沐浴齋戒(목욕재계)의 齋(재계할 재)자 하나뿐이다. 그런데 齋자는 齊자가 음의 역할을 하기도 한다. 그처럼 齊자는 劑(약 지을 제)·濟(건널 제)·臍(배꼽 제)·霽(갤 제)자 구성에 도움을 주면서 음의 역할을 한다.

가지런히 자란 곡물의 모습

제3장 사람 관련 부수

전신

부수 가운데에는 사람의 몸과 관련되어 이뤄진 글자가 적지 않다. 만물(萬物)의 영장(靈長)인 사람은 각기 그 모습이 다를 뿐만 아니라 다양한 활동을 하면서 살기 때문에 이를 문자(文字)로 나타내려 한다면 적지 않게 글자를 만들어 쓸 수밖에 없기 때문이다.

사람의 몸과 관련된 부수 가운데 전신(全身)에서 비롯된 人(사람 인)·大(큰 대)·女(계집 녀)·子(아들 자)·文(글월 문)·比(견줄 비)·立(설 립)·老(늙을 로)·色(빛 색)·見(볼 견)·赤(붉을 적)·走(달아날 주)·身(몸 신)·長(긴 장)·鬼(귀신 귀)·黑(검을 흑)·儿(어진 사람 인)·卩(병부 절)·尢(절름발이 왕)·尸(주검 시)·无(없을 무)·欠(하품 흠)·毋(말 무)·疒(병들 녁)·艮(그칠 간)·頁(머리 혈)·髟(머리 늘어질 표)·鬥(싸울 투)자에 대해 살펴보기로 하겠다.

2획

사람 인 | 亻 인변

갑골문	금 문	소 전	예 서

❀글자의 뿌리　옆에서 본 모습으로 서 있는 사람을 본뜬 글자이다. 위는 도구를 가지고 일을 하는 데 필요한 팔을, 아래는 땅 위에 똑바로 서 있을 수 있도록 하는 다리를 나타냈다.

❀뜻과 음　사람 모습에서 人자는 그 뜻이 '사람' 이 되었다.
人魚(인어)·人蔘(인삼)·白人(백인)·軍人(군인)·宇宙人(우주인)·外國人(외국인)의 말에서 보듯 人자는 그 음이 '인' 이다.
人자는 그 뜻과 음을 합쳐 '사람 인' 이라 한다. 나아가 人자가 다른 글자와 어울려 좌측(左側)에 사용될 때는 약간 변화되어 亻의 형태로 쓰이는데, 이는 '인변' 이라 한다. '인변' 은 人자의 음 '인' 에 부수가 왼쪽에 쓰일 때에 덧붙이는 명칭인 '변' 을 합친 말이다.

❀부수의 쓰임　人(亻)자 부수에 속하는 한자는 흔히 사람이나 그 사람의 활동과 관련된 뜻을 지닌다. 그런 한자를 뜻의 쓰임에 따라 구분하면, 대체로 다음의 세 유형이 있다.

① 명사류(사람의 유별이나 형체를 나타내는 한자)

俊 (준걸 준) 傑 (호걸 걸) 儒 (선비 유)
俠 (협객 협) 仇 (원수 구) 仙 (신선 선)
佛 (부처 불) 侯 (후작 후) 俳 (광대 배)
傀 (꼭두각시 괴) 僕 (종 복) 僚 (벼슬아치 료)
僧 (중 승)

② 형용사류(사람의 성품이나 정신 상태를 나타내는 한자)

倨 (거만할 거) 傲 (거만할 오) 儉 (검소할 검)
侈 (사치할 치) 仁 (어질 인) 佳 (아름다울 가)
俠 (호협할 협) 倭 (유순할 왜) 健 (굳셀 건)
優 (넉넉할 우)

③ 동사류(사람의 활동이나 행위를 나타내는 한자)

企 (바랄 기) 仰 (우러를 앙) 伏 (엎드릴 복)
侍 (모실 시) 依 (의지할 의) 伸 (펼 신)
仕 (벼슬할 사) 付 (줄 부) 代 (대신할 대)
任 (맡길 임) 伐 (칠 벌) 休 (쉴 휴)
似 (같을 사) 低 (낮을 저) 住 (머무를 주)
佐 (도울 좌) 佑 (도울 우) 作 (지을 작)
使 (부릴 사) 侍 (모실 시) 供 (이바지할 공)
侮 (업신여길 모) 侵 (침노할 침) 便 (편할 편)
係 (맬 계) 促 (절박할 촉) 保 (지킬 보)
信 (믿을 신) 倒 (넘어질 도) 倣 (본뜰 방)
借 (빌 차) 假 (빌 가) 偉 (클 위)
偏 (치우칠 편) 做 (지을 주) 停 (머무를 정)
側 (기울 측) 偵 (염탐할 정) 催 (재촉할 최)
傭 (품팔이할 용) 傳 (전할 전) 傷 (다칠 상)
傾 (기울 경) 僑 (우거할 교) 僻 (후미질 벽)
償 (갚을 상)

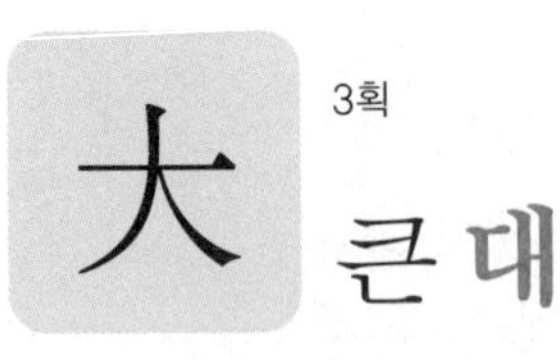

3획

大 큰 대

갑골문	금 문	소 전	예 서

❀ 글자의 뿌리 　정면(正面)을 향해 사람(남자 어른)이 두 팔과 두 다리를 크게 벌리고 있는 모양을 표현한 글자이다.

❀ 뜻과 음 　사람의 큰 동작에서 비롯된 大자는 그 뜻이 '크다'가 되었다. 구체적으로 나타낼 수 없는 '크다'란 뜻을 만물(萬物)의 영장(靈長)인 사람을 들어 표현했다.

大門(대문)·大魚(대어)·大將(대장)·大家族(대가족)·大統領(대통령)·大學校(대학교)·大韓民國(대한민국)의 말에서 보듯 大자는 그 음이 '대'이다.

大자는 그 뜻과 음을 합쳐 '큰 대'라 한다.

❀ 부수의 쓰임 　大자 부수에 속하는 한자의 뜻은 대체로 본의(本義)인 '크다'와 관련이 있거나 사람 혹은 사람의 일과 관련이 있다. 다음은 그 부수에 속하는 한자이다.

夭 (어릴 요)
夫 (사내 부)
夷 (오랑캐 이)
失 (잃을 실)
奉 (받들 봉)
奔 (달릴 분)
奏 (아뢸 주)

奪 (빼앗을 탈)
奬 (권면할 장)
奮 (떨칠 분)
太 (클 태)
奢 (사치할 사)
套 (덮개 투)
天 (하늘 천)

奇 (기이할 기)
央 (가운데 앙)
契 (맺을 계)
奠 (제사지낼 전)
奧 (속 오)

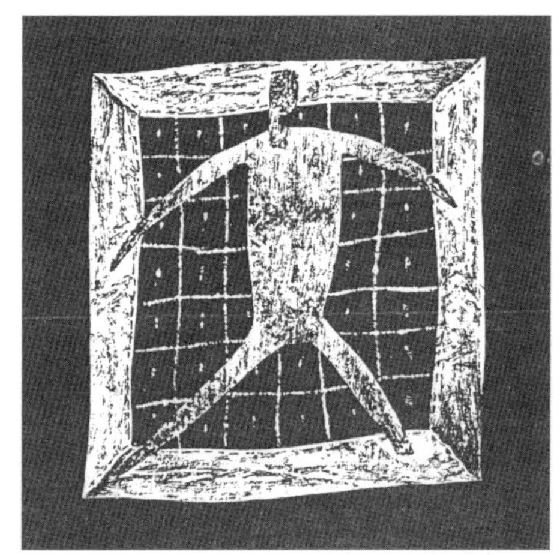

女 3획 계집 녀

갑골문	금 문	소 전	예 서
[illegible]	[illegible]	[illegible]	女

❀ 글자의 뿌리 두 손을 교차하여 무릎에 올려두고 다소곳이 꿇어앉은 여자를 표현한 글자이다.

❀ 뜻과 음 여자를 나타냈기 때문에 女자는 그 뜻이 여자를 달리 이르는 말인 '계집' 이 되었다.

長女(장녀) · 美女(미녀) · 老處女(노처녀) · 有夫女(유부녀) · 善男善女(선남선녀) · 窈窕淑女(요조숙녀)의 말에서 보듯 女자는 그 음이 '녀' 이다.

女자는 그 뜻과 음을 합쳐 '계집 녀' 라 한다. 나아가 女王(여왕) · 女軍(여군) · 女學生(여학생) · 女先生(여선생) · 女必從夫(여필종부) · 男尊女卑(남존여비)의 말에서 보듯 女(계집 녀)자가 말의 맨 앞에 사용될 때는 그 음이 변하여 '여' 로 읽힌다.

❀ 부수의 쓰임 女자 부수에 속하는 한자는 여자의 신분, 또는 여자의 모양새나 역할과 관련된 뜻을 지닌다. 나아가 사회가 부권(父權) 중심으로 들어선 후 만들어졌다고 여겨지는 한자는 흔히 여자를 무시하는 뜻과 관련이 있다. 다음은 그런 한자를 셋으로 나눈 것이다.

① 여자의 신분과 관련된 한자

妃 (왕비 비) 妓 (기생 기) 姑 (시어미 고)
妹 (누이 매) 姊 (누이 자) 姐 (누이 저)
妻 (아내 처) 妾 (첩 첩) 姨 (이모 이)
姪 (조카 질) 姬 (아가씨 희) 娘 (아가씨 낭)
婦 (며느리 부) 婢 (여자 종 비) 娼 (몸 파는 여자 창)
婆 (할미 파) 媛 (미인 원) 嫂 (형수 수)
嫡 (정실 적) 孀 (과부 상) 嬪 (아내 빈)
孃 (계집애 양)

② 여자의 모양새나 역할과 관련된 한자

妙 (묘할 묘) 妖 (아리따울 요) 姿 (맵시 자)
婉 (순할 완) 嬌 (아리따울 교) 好 (좋을 호)
妥 (평온할 타) 威 (위엄 위) 娛 (즐거워할 오)
姙 (아이 밸 임) 姻 (혼인할 인) 娩 (해산할 만)
娠 (애 밸 신) 娶 (장가들 취) 婚 (혼인할 혼)
媒 (중매 매) 嫁 (시집갈 가)

③ 여자를 모욕한 의미와 관련된 한자

姦 (간사할 간) 奸 (범할 간) 妄 (망령될 망)
妨 (해로울 방) 妬 (시기할 투) 媚 (아첨할 미)
嫌 (싫어할 혐) 嫉 (시기할 질)

子 3획 아들 자

갑골문	금 문	소 전	예 서
[illegible]	[illegible]	[illegible]	子

글자의 뿌리 큰 머리에 두 팔과 다리가 있는 아이를 표현한 글자이다. 머리를 크게 나타낸 것은 아이 때가 온몸 가운데 머리 부분이 다른 곳보다 크기 때문이며, 다리를 하나로 나타낸 것은 아이가 아직 두 발로 걷지 못하기 때문이다.

뜻과 음 아이를 본뜬 글자이므로 子자는 그 뜻이 원래 '아이' 였으나 훗날 그 의미가 축소되어 남자 아이, 즉 '아들' 만을 가리키게 되었다. 이는 옛날 사람들이 아들을 귀하게 여겼던 데서 비롯된 것으로 보인다.

子자는 母子(모자)·孝子(효자)·王子(왕자)·養子(양자)·玉童子(옥동자)·父傳子傳(부전자전)의 말에서 보듯 그 음이 '자' 이다. 子자는 그 뜻과 음을 합쳐 '아들 자' 라 한다.

부수의 쓰임 子자 부수에 속하는 한자는 대체로 아이의 행동이나 상태 등과 관계된 뜻을 지닌다. 다음은 그런 한자이다.

孑 (외로울 혈)
孔 (구멍 공)
孕 (아이밸 잉)
字 (글자 자)
存 (있을 존)
孝 (효도 효)
季 (끝 계)
孤 (외로울 고)
孟 (맏 맹)
孩 (어린아이 해)
孫 (손자 손)
孰 (누구 숙)
孵 (알 깔 부)
學 (배울 학)
孺 (젖먹이 유)

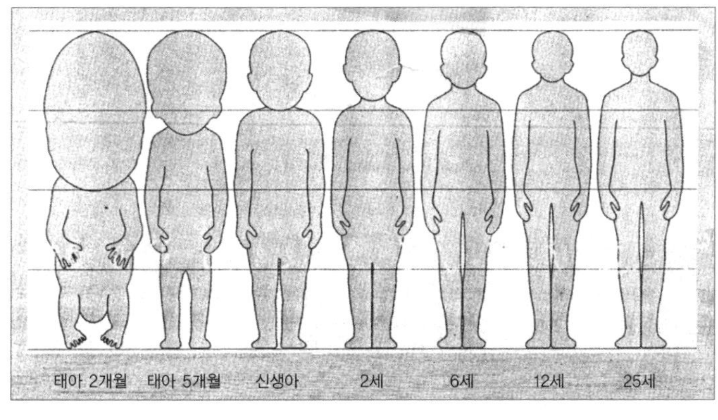

사람의 상대 생장 모습

글월 문

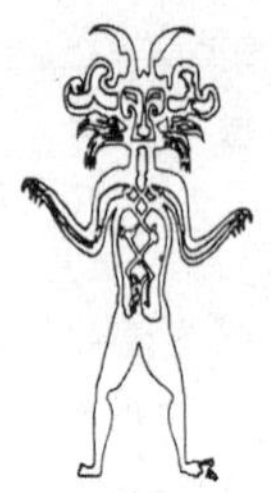

갑골문	금 문	소 전	예 서
			文

글자의 뿌리 원래 바르게 서 있는 한 사람의 가슴에 갖가지 그림이 그려져 있는 모습을 표현한 글자이다.

뜻과 음 오늘날 세상 사람이 사용하는 글(글자)은 대부분 그림에서 출발했다. 따라서 가슴에 그림이 그려진 사람 모습에서 비롯된 文자는 글을 의미하는 옛말인 '글월'의 뜻을 지니게 되었다.

文身(문신)·文字(문자)·作文(작문)·漢文(한문)·千字文(천자문)·紀行文(기행문)·文房四友(문방사우)·沙鉢通文(사발통문)의 말에서 보듯 文자는 그 음이 '문'이다.

文자는 그 뜻과 음을 합쳐 '글월 문'이라 한다.

부수의 쓰임 文자를 부수로 삼는 한자는 斑點(반점)의 斑(얼룩 반)자만 오늘날 비교적 자주 사용되고 있다. 그러나 文자는 紋(무늬 문)·紊(어지러울 문)·蚊(모기 문)·閔(위문할 민)·憫(근심할 민)·吝(아낄 린)자에 덧붙여져 음의 역할을 하기도 한다.

比 4획 견줄 비

갑골문	금 문	소 전	예 서

글자의 뿌리 오른쪽을 향해 두 사람이 나란히 서서 서로 견주는 모습을 표현한 글자이다.

뜻과 음 서로 견주는 모습에서 比자는 그 뜻이 '견주다'가 되었다.
比肩(비견) · 比較(비교) · 比例(비례) · 對比(대비) · 櫛比(즐비) · 等比(등비)의 말에서 보듯 比자는 그 음이 '비'이다.
比자는 그 뜻과 음을 합쳐 '견줄 비'라 한다.

부수의 쓰임 比자 부수에는 毗盧峯(비로봉)의 毗(도울 비), 荼毘(다비)의 毘(도울 비), 懲毖錄(징비록)의 毖(삼갈 비)자가 있는데, 모두 比자가 음의 역할을 한다. 그처럼 批判(비판)의 批(칠 비), 砒素(비소)의 砒(비상 비), 玼吝考妣(자린고비)의 妣(죽은 어미 비), 庇護(비호)의 庇(덮을 비), 琵琶(비파)의 琵(비파 비)자도 比자가 음의 역할을 한다.

立 설 립

5획

갑골문	금 문	소 전	예 서
			立

글자의 뿌리 위는 두 팔과 다리를 벌리고 있는 사람을, 아래는 땅을 나타냈다. 사람이 땅 위에 서 있는 모습을 표현한 글자이다.

뜻과 음 사람이 서 있는 모습에서 立자는 그 뜻이 '서다' 가 되었다. 起立(기립) · 獨立(독립) · 建立(건립) · 自立(자립) · 直立(직립)의 말에서 보듯 立자는 그 음이 '립' 이다.
立자는 그 뜻과 음을 합쳐 '설 립' 이라 한다.
아울러 立志(입지) · 立方體(입방체) · 立春大吉(입춘대길)의 말에서 보듯 立자가 말의 맨 앞에 사용되면 '입' 의 음으로 읽힌다.

부수의 쓰임 立자를 부수로 삼는 한자의 뜻은 대체로 사람이 서 있거나 물체가 세워져 있는 상황과 관련이 있다. 竝(아우를 병) · 站(우두커니 설 참) · 竣(마칠 준) · 竪(세로 수) · 竭(다할 갈) · 端(바를 단)자가 바로 그런 한자이다. 나아가 立자와 관련이 없이 이뤄진 한자이지만 竟(마침내 경) · 章(문채 장) · 童(아이 동) · 競(겨룰 경)자도 그 부수에 속한다.

6획

老 늙을 로 | 耂 늙을로엄

갑골문	금 문	소 전	예 서

글자의 뿌리 긴 머리털과 허리가 구부러진 늙은 사람을 표현한 글자이다.

뜻과 음 늙은 사람을 나타냈기 때문에 老자는 그 뜻이 '늙다' 가 되었다. 年老(연로) · 初老(초로) · 不老草(불로초) · 敬老席(경로석) · 百年偕老(백년해로)의 말에서 보듯 老자는 그 음이 '로' 이다.
老자는 그 뜻과 음을 합쳐 '늙을 로' 라 한다.
老人(노인) · 老母(노모) · 老兵(노병) · 老松(노송) · 老總角(노총각) · 老婆心(노파심)의 말에서 보듯 老자가 말의 맨 앞에 사용될 때는 그 음이 '노' 로 읽힌다.
나아가 老자가 다른 글자에 덧붙여질 때는 지팡이를 나타낸 형태가 생략되어 耂의 형태로 쓰이는데, 이는 '늙을로엄' 이라 한다. 글자에서 덧붙여지는 위치가 '엄' 의 부분이기 때문이다.

부수의 쓰임 老(耂)자 부수에 속하면서 비교적 자주 사용되는 한자는 考察(고찰)의 考(상고할 고), 耆老所(기로소)의 耆(늙은이 기), 學者(학자)의 者(놈 자)자가 있다. 孝(효도 효)자에서는 耂자가 글자 구성에 도움을 주고 있다.

色 6획 빛 색

갑골문	금 문	소 전	예 서

글자의 뿌리 서 있는 사람과 꿇어앉은 사람을 표현한 글자로 보인다.

뜻과 음 서 있는 사람이 꿇어앉은 사람을 어루면 그 희비(喜悲)가 흔히 얼굴빛으로 드러난다 하여 色자는 그 뜻이 '빛' 이 된 것으로 짐작된다.

色자는 顔色(안색) · 染色(염색) · 三原色(삼원색) · 形形色色(형형색색) · 各樣各色(각양각색)의 말에서 보듯 그 음이 '색' 이다.

色자는 그 뜻과 음을 합쳐 '빛 색' 이라 한다.

부수의 쓰임 色자는 부수로서 그 역할이 크지 않다. 色자가 덧붙여져 오늘날 비교적 자주 사용되는 한자로는 妖艶(요염)의 艶(고울 염)자 하나뿐이다.

絶(끊을 절)자의 오른쪽에 보이는 형태는 色자가 아니고, 刀(칼 도)자와 卩(병부 절)자가 변화된 巴의 형태가 합쳐진 것이다.

見 7획 볼 견

갑골문	금 문	소 전	예 서

글자의 뿌리 사람〔儿〕의 모습 위에 강조된 눈〔目〕이 덧붙여진 글자이다. 사람의 모습에 눈을 강조하여 눈으로 무언가 본다함을 나타낸 것이다.

뜻과 음 눈이 강조된 사람에서 비롯된 見자는 눈으로 무언가 본다 하여 그 뜻이 '보다' 가 되었다.

見學(견학) · 見聞(견문) · 先入見(선입견) · 先見之明(선견지명) · 百聞不如一見(백문불여일견)의 말에서 보듯 見자는 그 음이 '견' 이다. 見자는 그 뜻과 음을 합쳐 '볼 견' 이라 한다.

아울러 見자는 謁見(알현)이란 말에서 보듯 그 음이 '현' 으로도 읽힌다.

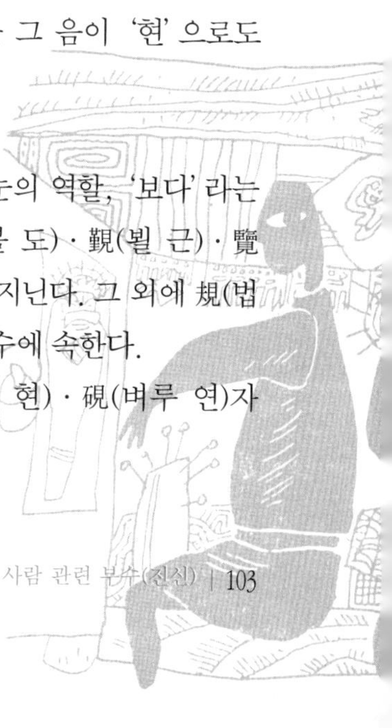

부수의 쓰임 見자 부수에 속하는 한자는 일반적으로 눈의 역할, '보다' 라는 뜻과 관련이 있다. 실제로 視(볼 시) · 覩(볼 도) · 覲(뵐 근) · 覽(볼 람) · 觀(볼 관)자는 모두 '보다' 의 뜻을 지닌다. 그 외에 規(법 규) · 親(친할 친) · 覺(깨달을 각)자도 그 부수에 속한다.

뿐만 아니라 見자는 現(나타날 현) · 峴(재 현) · 硯(벼루 연)자에서 음의 역할을 하기도 한다.

赤 7획 붉을 적

갑골문	금 문	소 전	예 서
			赤

글자의 뿌리 팔과 다리를 크게 벌리고 있는 사람과 타오르는 불이 서로 어우러진 모습을 표현한 글자이다.

뜻과 음 불(火)이 타오를 때, 팔과 다리를 벌리고 있는 사람(大)의 얼굴빛이 붉어진 데서 赤자는 그 뜻이 '붉다' 가 되었다.
赤色(적색) · 赤字(적자) · 赤潮(적조) · 赤十字(적십자) · 赤裸裸(적나라) · 赤信號(적신호)의 말에서 보듯 赤자는 그 음이 '적' 이다.
赤자는 그 뜻과 음을 합쳐 '붉을 적' 이라 한다.

부수의 쓰임 赤자를 부수로 삼으면서 오늘날 비교적 자주 사용되는 한자는 많지 않다. 赦免(사면)의 赦(용서할 사)자와 赫赫(혁혁)의 赫(빛날 혁)자 단 두 글자가 있을 뿐이다. 그 가운데 赫자는 일상(日常)의 어휘를 구성하는 데 자주 사용되지는 않으나 사람 이름에 자주 사용되고 있다.

走 7획 달아날 주

갑골문	금 문	소 전	예 서
			走

글자의 뿌리 두 팔을 휘저으며 달아나는 사람과 달아날 때에 신체(身體)에서 가장 움직임이 많은 발이 어우러져 표현된 글자이다.

뜻과 음 달아나는 사람과 발로 인해 走자는 그 뜻이 '달아나다'가 되었다.

走者(주자)·競走(경주)·走馬燈(주마등)·滑走路(활주로)·走馬看山(주마간산)·東奔西走(동분서주)의 말에서 보듯 走자는 그 음이 '주'이다.

走자는 그 뜻과 음을 합쳐 '달아날 주'라 한다.

부수의 쓰임 走자 부수에 속하는 한자는 일반적으로 달리는 행동과 관련된 뜻을 지닌다. 起(일어날 기)·赴(나아갈 부)·越(넘을 월)·超(넘을 초)·趙(나라 조/빨리 달릴 조)·趣(달릴 취)·趨(달릴 추)자가 바로 그런 한자이다.

7획

身 몸 신

갑골문	금 문	소 전	예 서
			身

글자의 뿌리 배가 부른 사람의 몸을 표현한 글자이다.

뜻과 음 배가 부른 사람의 모습은 여자가 아이를 가지고 있을 때 볼 수 있는데, 여자가 아이를 갖게 되면 몸을 소중히 한다. 따라서 배가 부른 사람의 몸을 나타낸 身자는 그 뜻이 '몸'이 되었다.

身體(신체)·全身(전신)·八等身(팔등신)·不死身(불사신)·孑孑單身(혈혈단신)·殺身成仁(살신성인)의 말에서 보듯 身자는 그 음이 '신'이다. 身자는 그 뜻과 음을 합쳐 '몸 신'이라 한다.

부수의 쓰임 身자를 부수로 삼는 한자는 일반적으로 신체(身體)와 관련된 뜻이 있다. 그런데 體軀(체구)의 軀(몸 구)자와 實踐躬行(실천궁행)의 躬(몸 궁)자만 오늘날 비교적 자주 사용되고 있다.

그 외에 發射(발사)의 射(쏠 사)자에서도 그 형태가 보이나 원래는 身자와 관계가 없다.

임산부를 표현한 토우

長

8획

긴 장

갑골문	금 문	소 전	예 서
			長

글자의 뿌리 긴 머리털이 있는 사람이 지팡이를 짚고 있는 모습을 표현한 글자이다.

뜻과 음 머리털을 자르지 않고 길렀던 옛날 사람의 모습은 '길다' 라는 뜻을 나타내기에 적합했을 것이다. 따라서 지팡이를 짚고 있는 사람의 머리털이 긴 모습에서 長자는 그 뜻이 '길다' 가 되었다.

長身(장신)·長魚(장어)·長蛇陣(장사진)·長歎息(장탄식)·長篇小說(장편소설)·萬里長城(만리장성)의 말에서 보듯 長자는 그 음이 '장' 이다. 長자는 그 뜻과 음을 합쳐 '긴 장' 이라 한다.

長자가 글자에 덧붙여져 사용될 때는 套(덮개 투)자에서처럼 镸의 형태로 간략하게 변화되어 쓰이기도 한다.

부수의 쓰임 오늘날 長자 부수에 속하면서 자주 사용되는 한자는 찾아볼 수 없다. 그러나 長자는 자신이 음의 역할을 하는 張(베풀 장)·帳(휘장 장)·漲(불을 창)·脹(배부를 창)·悵(슬퍼할 창)자에서 여전히 그 쓰임을 살펴볼 수 있다.

10획

귀신 귀

갑골문	금 문	소 전	예 서

❀ 글자의 뿌리 귀신을 표현한 글자이다. 옛날 사람들은 사람이 죽으면 귀신이 된다고 믿었다. 따라서 사람의 몸뚱이를 바탕으로 귀신을 뜻하는 글자가 이뤄지게 되었다. 다만 사람의 얼굴과 달리 크고 기이한 머리로 귀신의 특징을 나타냈다.

❀ 뜻과 음 크고 기이한 머리로 귀신의 특징을 나타낸 鬼자는 그 뜻이 '귀신' 이 되었다. 魔鬼(마귀)·餓鬼(아귀)·妖鬼(요귀)·惡鬼(악귀)·吸血鬼(흡혈귀)·神出鬼沒(신출귀몰)의 말에서 보듯 鬼자는 그 음이 '귀' 이다. 鬼자는 그 뜻과 음을 합쳐 '귀신 귀' 라 한다.

❀ 부수의 쓰임 鬼자 부수에 속하는 한자는 일반적으로 죽은 사람의 혼(魂)이나 악신(惡神)과 관련된 뜻을 지닌다. 魁(으뜸 괴)·魂(넋 혼)·魅(도깨비 매)·魃(가물귀신 발)·魄(넋 백)·魔(마귀 마)·魍(도깨비 망)·魎(도깨비 량)자 등이 바로 그런 한자이다.
아울러 鬼자는 塊(흙덩이 괴)·愧(부끄러워할 괴)·魁(으뜸 괴)·傀(꼭두각시 괴)·槐(홰나무 괴)자에 덧붙여져 음의 역할을 한다.

12획

黑 검을 흑

갑골문	금 문	소 전	예 서

글자의 뿌리 사람의 얼굴에 문신(文身)이 새겨진 모습을 표현한 글자로 보인다. 옛날에는 흔히 죄인(罪人)이나 포로(捕虜)를 잡아 그 얼굴에 검은 먹물로 문신을 새기고 노예로 삼았는데, 바로 그런 사람을 나타낸 것으로 여겨진다.

뜻과 음 검은 먹물로 문신이 새겨진 사람과 관련하여 黑자는 그 뜻이 '검다' 가 되었다. 黑人(흑인) · 黑色(흑색) · 黑雪糖(흑설탕) · 近墨者黑(근묵자흑) · 黑白論理(흑백논리)의 말에서 보듯 黑자는 그 음이 '흑' 이다. 黑자는 그 뜻과 음을 합쳐 '검을 흑' 이라 한다.

부수의 쓰임 黑자 부수에 속하면서 오늘날 비교적 자주 사용되는 한자로는 默(잠잠할 묵) · 點(점 점) · 黜(물리칠 출) · 黥(묵형할 경) · 黨(무리 당)자 등이 있다.

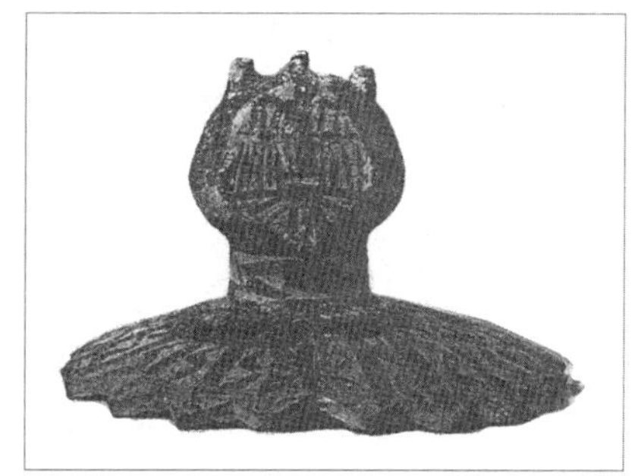

얼굴에 검은 선이 있는 사람

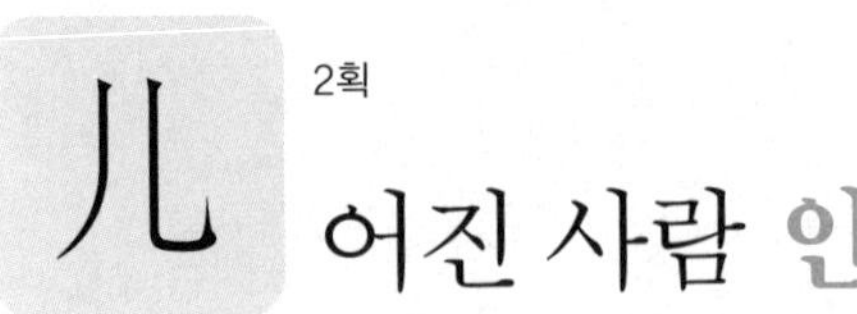

2획

儿 어진 사람 인

갑골문	금 문	소 전	예 서

글자의 뿌리 사람을 표현한 글자이다. 위에는 머리에서 이어진 팔을, 아래는 약간 구부러진 몸에서 이어진 다리를 나타냈다.

뜻과 음 儿자는 사람 모습에서 비롯된 人(사람 인)자와 달리 문자(文字)로 사용되지 않고, 다른 글자 구성에 도움을 주는 역할을 한다. 人자를 변화시킨 형태로, 항상 글자 아랫 부분에 사용되기 때문에 후대로 내려오면서 그 형태가 변하여 오늘날처럼 쓰이게 되었다. 人자와 구별해 '어진 사람 인'이라 한다.

부수의 쓰임 儿자 부수에 속하면서 비교적 자주 사용되는 한자는 대부분 사람의 상태나 동작과 관련되어 이뤄진 뜻을 지닌다. 다음은 그 부수에 속하는 한자이다.

兒 (아이 아)
兄 (맏 형)
先 (먼저 선)
元 (으뜸 원)
允 (진실로 윤)
充 (가득할 충)
光 (빛 광)
兇 (흉악할 흉)
克 (이길 극)
兢 (삼갈 긍)
兎 (토끼 토)
免 (면할 면)
兆 (조짐 조)

2획

卩 㔾 병부 절

갑골문	금 문	소 전	예 서

글자의 뿌리 윗사람으로부터 명령(命令)을 받기 위해 꿇어앉은 사람을 표현한 글자이다.

뜻과 음 옛날에는 관찰사(觀察使)나 절도사(節度使)가 군대를 움직일 때에 임금으로부터 명령을 받으면서 병부(兵符)라는 물건을 받았다. 따라서 명령을 받는 사람 모습에서 비롯된 卩자가 '병부' 라는 뜻을 지니게 되었다.

卩자는 부수로만 사용되고 있다. 때문에 어휘를 통해 그 음을 살펴볼 수 없지만 '절' 의 음을 지닌다.

卩자는 그 음과 뜻을 합쳐 '병부 절' 이라 한다.

卩자가 다른 글자에 덧붙여져 사용될 때는 㔾의 형태로도 바뀌어 쓰인다.

부수의 쓰임 卩(㔾)자 부수에 속하면서 비교적 자주 사용되는 한자는 다음과 같다.

卯 (넷째 지지 묘)
危 (위태할 위)
印 (도장 인)
却 (물리칠 각)
卵 (알 란)
卷 (책 권)
卽 (곧 즉)
卿 (벼슬 경)

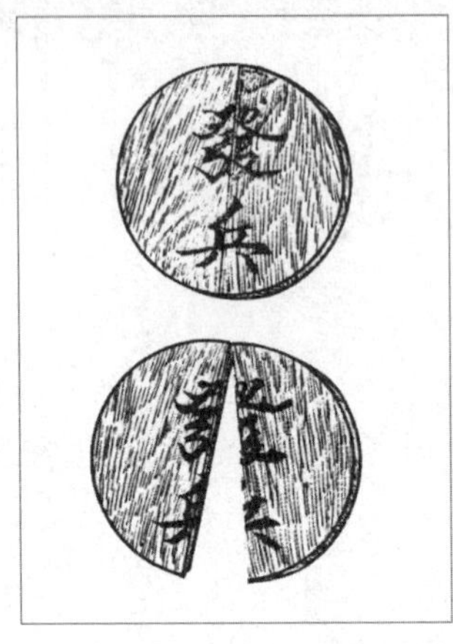

병부

3획

尢 절름발이 왕

갑골문	금 문	소 전	예 서

글자의 뿌리 사람이 두 팔과 두 다리를 크게 벌리고 서 있는 모습에서 비롯된 大(큰 대)자를 약간 변화시켜, 다리 하나는 곧고 하나는 굽은 모습을 표현한 글자이다.

뜻과 음 다리 하나가 굽은 모양으로 인해 尢자는 그 뜻이 '절름발이'가 되었다.

尢자는 어휘를 통해 그 음(音)을 살펴볼 수 없지만 '왕'으로 읽히는 글자이다.

따라서 尢자는 그 뜻과 음을 합쳐 '절름발이 왕'이라 한다.

부수의 쓰임 尢자는 부수의 역할이 크지 않는 글자이다. 그 부수에 속하면서 비교적 자주 쓰이는 한자로는 尨大(방대)의 尨(삽살개 방)자와 成就(성취)의 就(이룰 취)자 정도가 있다. 그러나 尨자와 就자는 尢자와 관계없이 이뤄진 글자이다.

尸 3획 주검 시

갑골문	금 문	소 전	예 서

글자의 뿌리 무릎을 굽혀 누인 사람을 표현한 글자로 보인다. 옛날 사람이 죽어서 땅 속에 묻힐 때의 주검 모양으로 본 것이다. 실제로 나무나 돌로 만든 관이 없었던 옛날에는 무릎을 굽혀 누인 주검을 큰 항아리에 넣어 땅에 묻었다.

뜻과 음 무릎을 굽혀 누인 주검 모습에서 비롯된 尸자는 그 뜻이 '주검' 이 되었다.
尸자는 그다지 잘 쓰이지 않는 어려운 말이지만 尸童(시동) · 行尸走肉(행시주육) · 尸位素餐(시위소찬)에서 보듯 그 음이 '시' 이다.
尸자는 그 뜻과 음을 합쳐 '주검 시' 라 한다.

부수의 쓰임 尸자 부수에 속하는 한자는 인체(人體)와 관련된 뜻을 지니거나 집과 관련된 뜻을 지닌다. 집과 관련된 뜻을 지니게 된 것은 글자의 형태가 집 모양에서 비롯된 广(집 엄)자나 厂(언덕 한)자와 비슷하기 때문이다.

① 인체와 관련된 한자

居 (있을 거) 尾 (꼬리 미) 屍 (주검 시)
展 (펼 전) 屈 (굽을 굴) 屠 (잡을 도)
尿 (오줌 뇨) 屛 (병풍 병) 履 (신 리)
屬 (이을 촉 (속))

② 집과 관련된 한자

屋 (집 옥) 層 (층 층) 屢 (여러 루)

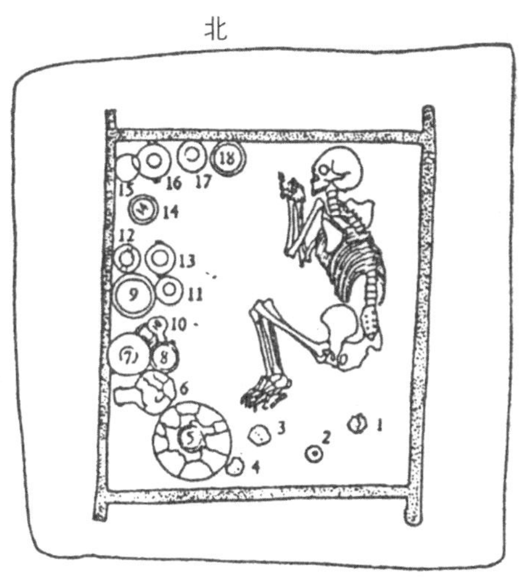

주검을 구부려 매장한 모습

无 4획 없을 무

갑골문	금 문	소 전	예 서

글자의 뿌리 사람(尢)의 머리 위에 一의 부호(符號)를 더해 머리가 보임이 없게 함을 표현한 글자로 보인다.

뜻과 음 머리가 보임이 없게 했기 때문에 无자는 그 뜻이 '없다'가 되었다.

无자는 '없다'의 뜻을 지닌 無(없을 무)자의 고자(古字)이다. 따라서 無力(무력)·無料(무료)·無效(무효)·無禮(무례)·無識(무식)의 無(무)자처럼 无자도 그 음이 '무'이다.

无자는 그 뜻과 음을 합쳐 '없을 무'라 한다.

부수의 쓰임 无자 부수에는 비슷한 형태의 旡(숨 막힐 기)자도 속해 있다. 때문에 旡자가 덧붙여진 旣(이미 기)자가 无자 부수에 속한다. 无자 부수에 속하면서 비교적 자주 사용되는 한자는 바로 旣자 하나뿐이다.

欠 4획 하품 흠

갑골문	금 문	소 전	예 서

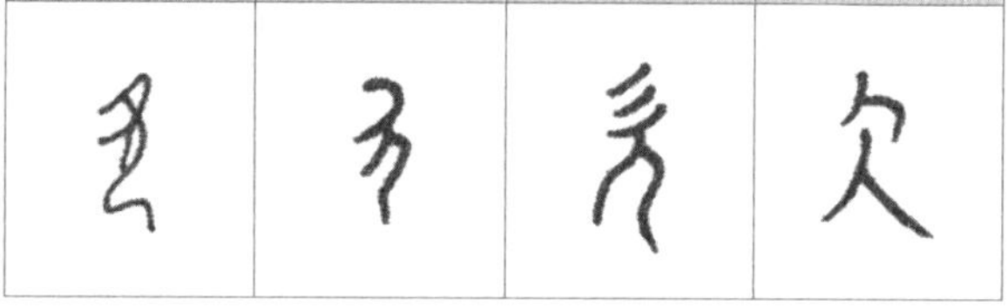

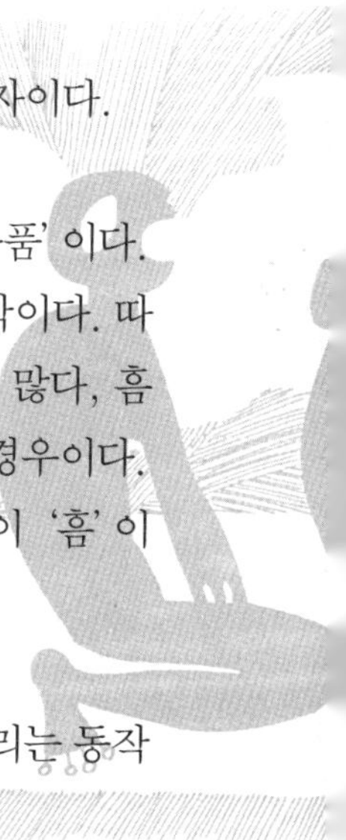

글자의 뿌리 사람이 입을 크게 벌리고 하품하는 모양을 표현한 글자이다.

뜻과 음 사람이 하품하는 모양에서 비롯된 欠자는 그 뜻이 '하품'이다. 하품은 몸에서 산소가 부족하면 일어나는 자연스런 동작이다. 따라서 欠자는 '부족하다'의 뜻을 지니기도 하는데, 흠이 많다, 흠내다, 흠잡다의 '흠'이 바로 '부족하다'의 뜻으로 쓰인 경우이다. 欠자는 흠이 많다, 흠내다, 흠잡다의 말에서 보듯 그 음이 '흠'이다. 欠자는 그 뜻과 음을 합쳐 '하품 흠'이라 한다.

부수의 쓰임 欠자가 덧붙여지는 한자는 흔히 사람이 크게 입을 벌리는 동작과 관련된 뜻을 지닌다. 다음은 그런 한자이다.

歌 (노래 가)	飮 (마실 음)	欲 (하고자할 욕)
歎 (탄식할 탄)	吹 (불 취)	欺 (속일 기)
歐 (토할 구)	歡 (기뻐할 환)	欽 (공경할 흠)
炊 (불 땔 취)	歇 (쉴 헐)	歆 (받을 흠)

위 한자 가운데 炊·飮·吹자는 欠자 부수에 속하지 않는다.

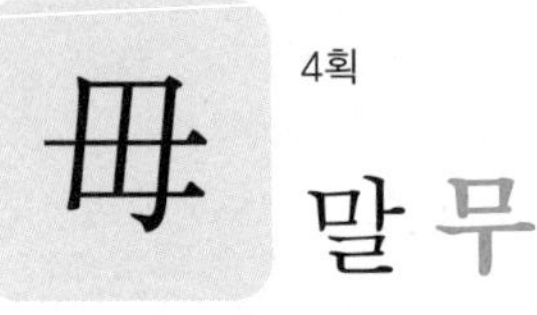

4획

말 무

갑골문	금 문	소 전	예 서

글자의 뿌리 어른인 여자를 중심으로 표현한 글자이다. 어른인 여자 형상에 두 젖을 점(點)으로 덧붙인 母(어미 모)자에서 비롯된 글자로 보인다.

뜻과 음 옛날 부계(父系)사회가 되기 이전에 어머니는 아이에게 가장 권위가 있었다. 하지 말라 한 일을 한 아이에게 어머니가 직접 벌을 준 것이다. 때문에 어머니를 표현한 母(모)자에서 비롯된 毋자가 '말다'의 뜻을 지니게 된 것으로 보인다.

毋자는 母자의 음과 비슷한데, 母女(모녀)·母情(모정)·母親(모친)·父母(부모)·老母(노모)·生母(생모)에서 '모'의 음으로 읽히는 母자와 달리 그 음이 '무'이다.

毋자는 그 뜻과 음을 합쳐 '말 무'라 한다.

부수의 쓰임 毋자 부수에 속하는 한자로는 父母(부모)의 母(어미 모), 毒藥(독약)의 毒(독 독), 每日(매일)의 每(매양 매)자가 있다. 뿐만 아니라 毋자와 그 형태가 비슷한 毌(꿰뚫을 관)자도 속해 있는데, 毌자는 다시 貫(꿸 관)자에서 음의 역할을 한다.

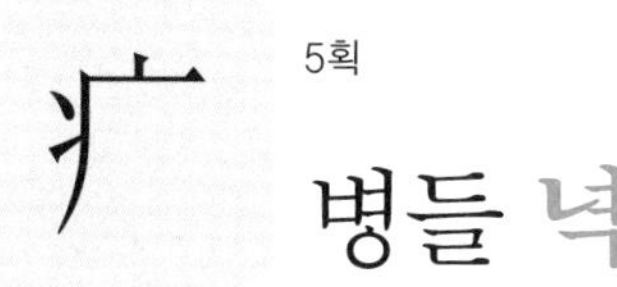

5획

병들 녁

갑골문	금 문	소 전	예 서

글자의 뿌리 병들어 침상에 누워 있는 사람을 표현한 글자이다. 왼쪽은 침상을, 오른쪽은 병들어 누워 있는 사람을 나타냈다.

뜻과 음 　침상 위에 누워 있는 사람이 병들어 있다 하여 疒자는 그 뜻이 '병들다' 가 되었다.

疒자는 부수의 역할만 하는 글자로, 그 음이 '녁' 이다.

따라서 疒자는 그 뜻과 음을 합쳐 '병들 녁' 이라 한다.

부수의 쓰임 疒자 부수에 속하는 한자는 질병(疾病)이나 신체(身體)의 이상(異常)에 관련된 뜻을 지닌다. 다음은 그런 한자이다.

疫 (염병 역)	痍 (상처 이)	瘧 (학질 학)
疳 (감질 감)	痔 (치질 치)	癎 (경풍 간)
疸 (황달 달)	痘 (천연두 두)	癌 (암 암)
病 (병 병)	痢 (설사 리)	癖 (적취 벽)
疽 (등창 저)	痛 (아플 통)	癡 (어리석을 치)
疹 (홍역 진)	瘍 (종기 양)	癨 (곽란 곽)
疾 (병 질)	瘦 (파리할 수)	癩 (문둥병 라)
疲 (지칠 피)	瘠 (파리할 척)	

艮 6획 그칠 간

갑골문	금 문	소 전	예 서

글자의 뿌리 눈(目)이 사람(人)의 형태 뒤에 표현된 글자이다. 눈을 사람 뒤에 두어 외면하고 있음을 나타낸 것이다.

뜻과 음 외면한다는 것은 상대방과 관계를 그치는 일이 된다. 따라서 눈을 사람 뒤에 두어 외면하고 있음을 나타낸 艮자는 그 뜻이 '그치다' 가 되었다. 艮자는 豤(씹을 간)자에 덧붙여져 음의 역할을 하고, 豤자는 다시 懇(살뜰할 간)자나 墾(개간할 간)자에 덧붙여져 음의 역할을 한다. 따라서 懇切(간절)이나 開墾(개간)의 懇(간)·墾(간)자처럼 艮자는 그 음이 '간' 이다. 艮자는 그 뜻과 음을 합쳐 '그칠 간' 이라 한다.

부수의 쓰임 艮자를 부수로 삼으면서 비교적 자주 사용되는 한자로는 良(어질 량)자와 艱(어려울 간)자 뿐이다. 그러나 艮자가 음의 역할을 하는 글자는 적지 않다. 다음은 그런 한자이다.

懇 (살뜰할 간)	恨 (한할 한)	銀 (은 은)
墾 (개간할 간)	眼 (눈 안)	齦 (잇몸 은)
限 (지경 한)	根 (뿌리 근)	痕 (흉터 흔)

頁 9획 머리 혈

갑골문	금 문	소 전	예 서
			頁

글자의 뿌리 꿇어앉은 사람 모습에 과장된 머리를 표현한 글자이다. 돌출된 머리 위에는 털이 있고, 가운데에는 얼굴을 대표한 눈이 나타나 있다.

뜻과 음 특별히 사람의 머리를 과장한 모습에서 비롯된 頁자는 그 뜻이 '머리'가 되었다. 부수의 역할을 주로 하는 頁자는 그 음이 '혈'이다. 따라서 頁자는 그 뜻과 음을 합쳐 '머리 혈'이라 한다.

부수의 쓰임 頁자 부수에 속하는 한자는 그 뜻이 흔히 머리의 각 부위나 동작과 관련이 있다. 다음은 그런 한자를 둘로 나눠 본 것이다.

① 머리의 각 부위와 관련된 한자

頭 (머리 두) 頂 (정수리 정) 顚 (이마 전)
額 (이마 액) 顔 (얼굴 안) 頸 (목 경)
項 (목 항) 題 (이마 제)

② 머리의 동작과 관련된 한자

頃 (기울 경) 順 (순할 순) 頓 (조아릴 돈)
頑 (완고할 완) 領 (거느릴 령) 頗 (치우칠 파)
頹 (무너질 퇴) 願 (원할 원) 顧 (돌아볼 고)

10획

머리 늘어질 표

갑골문	금 문	소 전	예 서
	[illegible]	[illegible]	[illegible]

글자의 뿌리 지팡이를 짚고 있는 머리털이 긴 사람(镸)과 그 의미를 더욱 분명히 하기 위해 털(彡)이 어우러진 모습을 표현한 글자이다.

뜻과 음 사람의 긴 머리털과 관련하여 髟자는 머리털이 길게 늘어져 있다 하여 그 뜻이 '머리 늘어지다'가 되었다.
髟자는 어휘로 쓰이는 경우가 없어 쉽게 그 음을 알 수 없는데, '표'의 음을 지닌 글자이다.
따라서 髟자는 그 뜻과 음을 합쳐 '머리 늘어질 표'라 한다.

부수의 쓰임 髟자 부수에 속하는 한자로는 髣髴(방불)의 髣(비슷할 방)자와 髴(비슷할 불)자, 鬚髥(수염)의 鬚(수염 수)자와 髥(구레나룻 염)자, 그리고 毛髮(모발)의 髮(터럭 발)자 정도가 일상생활에서 비교적 자주 사용되고 있다.

鬥 10획 싸울 투

갑골문	금 문	소 전	예 서
[古文字]		[古文字]	鬥

❀글자의 뿌리 두 사람이 맨 손으로 싸우는 모습을 표현한 글자이다.

❀뜻과 음 싸우는 모습에서 鬥자는 그 뜻이 '싸우다' 가 되었다. 鬥자는 오늘날 부수로만 쓰이고, 그 뜻을 나타내는 글자로는 음의 역할을 하는 형태가 덧붙여진 鬪자가 쓰이고 있다. 鬪犬(투견)·戰鬪(전투)·鬪牛士(투우사)·格鬪技(격투기)·惡戰苦鬪(악전고투)·孤軍奮鬪(고군분투)에서 鬪(투)자처럼 鬥자도 역시 그 음이 '투' 이다. 鬥자는 그 뜻과 음을 합쳐 '싸울 투' 라 한다.

두 사람이 싸우는 모습

❀부수의 쓰임 鬥자 부수에 속하는 한자로는 鬪爭(투쟁)의 鬪(싸울 투)자와 惹鬧(야뇨 → 야료)의 鬧(시끄러울 뇨)자 정도가 일상생활에서 비교적 자주 사용되고 있다.

제4장

사람 관련 부수

손

인류(人類)가 오늘날처럼 문명(文明)을 발전시킬 수 있었던 것은 손을 자유자재(自由自在)로 사용한 데 있다. 손을 사용하여 도구(道具)를 만들고, 도구를 사용하면서 손에서 느끼는 자극(刺戟)이 뇌(腦)로 전달되어 지능(知能)이 발달하게 된 것이다. 오늘날 인류가 인공위성(人工衛星)을 만들어 화성(火星)을 탐사(探査)할 수 있게 된 것도 모두 손을 자유롭게 사용한 데서 비롯되었듯이, 손으로 이뤄지는 일은 매우 많다.

다음은 손과 관련되어 이뤄진 부수인 又(또 우)·寸(마디 촌)·支(지탱할 지)·攴(칠 복)·殳(칠 수)·父(아비 부)·皮(가죽 피)·聿(붓 율)·隶(밑 이)·勹(쌀 포)·厶(사사 사)·屮(왼 손 좌)·廾(손 맞잡을 공)·手(손 수)·爪(손톱 조)자에 대해 살펴보기로 하겠다.

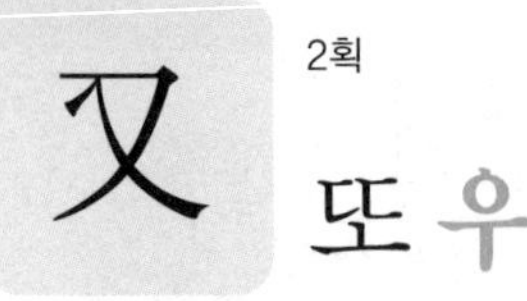

又 2획 또 우

갑골문	금 문	소 전	예 서
			又

글자의 뿌리 무언가 잡으려고 하는 오른 손이 옆으로 표현된 글자이다. 다섯 손가락을 간략하게 세 손가락으로 나타냈다.

뜻과 음 대부분의 사람은 일반적으로 오른 손을 사용한다. 따라서 오른 손에서 비롯된 又자는 오른 손이 반복적으로 사용되는 상황과 관련하여 그 뜻이 반복의 의미인 '또'가 되었다. 又자는 주로 문장(文章)에 사용되는데, 日日新又日新(일일신우일신)에서처럼 그 음이 '우'이다. 又자는 그 뜻과 음을 합쳐 '또 우'라 한다.

부수의 쓰임 사람이 자주 사용하는 오른 손에서 비롯된 又자가 덧붙여지는 한자는 흔히 손과 관련되어 이뤄진 뜻을 지닌다. 그 부수에 속하면서 비교적 자주 쓰이는 한자는 다음과 같다.

叉 (깍지 낄 차)	受 (받을 수)	叡 (밝을 예)
及 (미칠 급)	叔 (아재비 숙)	叢 (모일 총)
反 (돌이킬 반)	取 (취할 취)	
友 (벗 우)	叛 (배반할 반)	

寸 3획 마디 촌

갑골문	금 문	소 전	예 서

글자의 뿌리 원래는 손 모양만으로 표현되었던 글자였다. 그러나 후에 점(點)이 덧붙여지면서 다시 오늘날처럼 쓰이게 되었다.

뜻과 음 오늘날 쓰이는 글자에서 점은 손으로부터 한 마디의 길이가 되는 부위(部位)를 강조하여 표시한 것이다. 따라서 그 모양에서 비롯된 寸자는 그 뜻이 '마디'가 되었다.

寸자는 寸蟲(촌충)·寸劇(촌극)·寸評(촌평)·寸志(촌지)·寸數(촌수)·寸鐵殺人(촌철살인)·一寸光陰(일촌광음)의 말에서 보듯 그 음이 '촌'이다.

寸자는 그 뜻과 음을 합쳐 '마디 촌'이라 한다.

부수의 쓰임 寸자 부수에 속하는 한자는 일반적으로 손과 관련되어 이뤄진 뜻이나 일정한 법도(法度)와 관련되어 이뤄진 뜻을 지닌다. 다음은 그 가운데 오늘날 비교적 자주 쓰이는 한자이다.

尋 (찾을 심)

尊 (높을 존)

寺 (절 사)

封 (봉할 봉)

射 (쏠 사)

尉 (벼슬 위)

將 (장수 장)

專 (오로지 전)

對 (대답할 대)

導 (이끌 도)

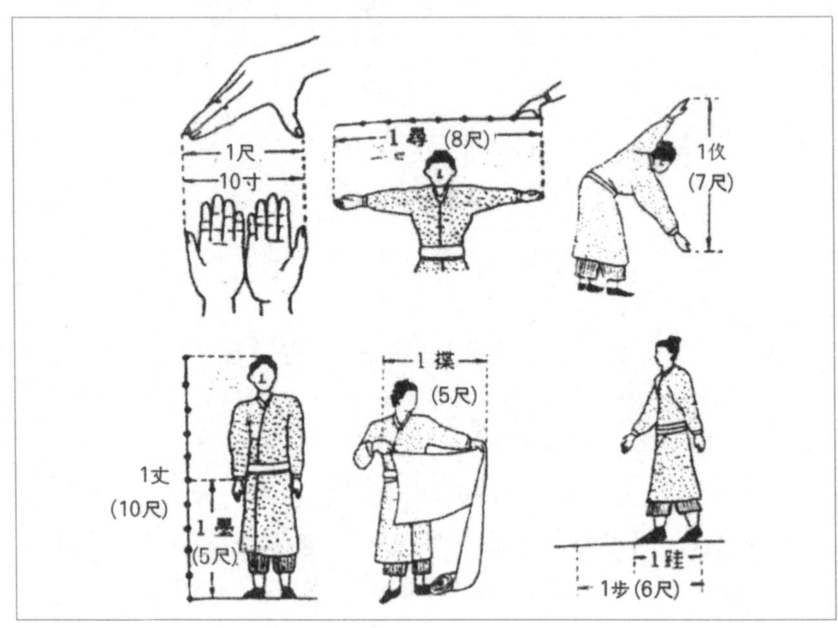

인체를 이용한 길이 측정

支 4획 지탱할 지

갑골문	금 문	소 전	예 서
			支

글자의 뿌리 댓가지가 손(又)에 쥐어져 있는 모습을 표현한 글자이다. 위는 댓가지를, 아래는 손을 나타냈다.

뜻과 음 가지가 있는 대나무를 손에 쥐고 무언가 지탱한다 하여 支자는 그 뜻이 '지탱하다'가 되었다.

支持(지지)·支柱(지주)·支撑(지탱)·支援(지원)·依支(의지)·扶支(부지)·支石墓(지석묘)의 말에서 보듯 支자는 그 음이 '지'이다.

支자는 그 뜻과 음을 합쳐 '지탱할 지'라 한다.

부수의 쓰임 支자 부수에 속하면서 오늘날 비교적 자주 사용되는 한자는 단 한 자도 없다. 그러나 支자는 枝(가지 지)·肢(사지 지)·技(재주 기)·妓(기생 기)·岐(갈림길 기)·伎(재주 기)·翅(날개 시)자의 구성에 도움을 주면서 음의 역할을 한다.

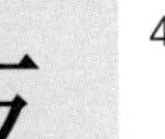

4획

칠 복 | 攵 등글월문

갑골문	금 문	소 전	예 서

❀글자의 뿌리 채찍과 같은 나무가지를 손에 잡고 무언가 치려는 모습을 표현한 글자이다.

❀뜻과 음 손에 잡은 나무가지로 무언가 치려는 모습에서 攴자는 그 뜻이 '치다' 가 되었다.

攴자는 부수의 역할만 하는 글자로, 그 음이 '복' 이다.

따라서 攴자는 그 뜻과 음을 합쳐 '칠 복' 이라 한다.

攴자가 글자에 덧붙여질 때는 攵의 형태로 약간 변화되어 쓰이고 있다. 攵은 文(글월 문)자에서 맨 위의 획(劃)이 한쪽으로 등진 형태로 보아 '등지다' 의 '등' 과 '글월 문' 을 합쳐 '등글월문' 이라 한다.

❀부수의 쓰임 攴(攵)자가 덧붙여진 한자는 대부분 다그쳐 일어나는 사람의 동작이나 행위와 관계된 뜻을 지닌다. 다음은 그 부수에 속하는 한자이다.

敲 (두드릴 고)	收 (거둘 수)	故 (일 고)
敵 (원수 적)	敷 (펼 부)	教 (가르칠 교)
攻 (칠 공)	效 (본받을 효)	敍 (베풀 서)
敗 (패할 패)	敢 (감히 감)	敦 (도타울 돈)
救 (건질 구)	敏 (재빠를 민)	敬 (공경할 경)
放 (놓을 방)	改 (고칠 개)	整 (가지런할 정)
散 (흩을 산)	政 (정사 정)	

윗 글자 외에 牧(칠 목), 枚(줄기 매), 致(이를 치), 赦(용서할 사)자도 攴(攵)자가 덧붙여진 글자이나 그 부수에 속하지 않는다.

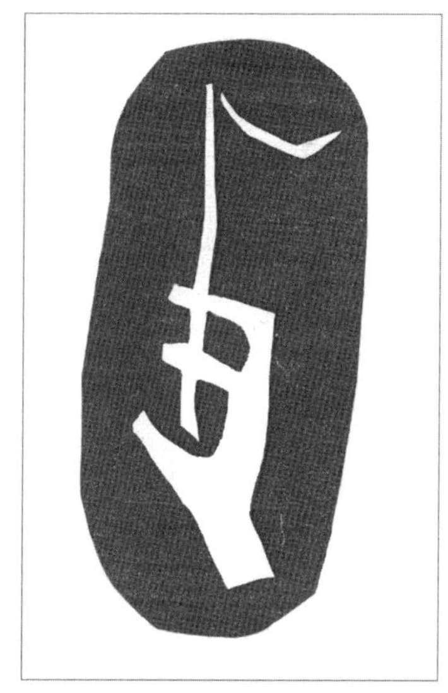

殳

4획

칠 수

갑골문	금 문	소 전	예 서

글자의 뿌리 손에 도구를 들고 무언가 치려는 모습을 표현한 글자이다. 도구는 '창' 이나 '몽둥이' 를 나타낸 것으로 보인다.

뜻과 음 무언가 치려는 모습에서 비롯된 殳자는 그 뜻이 '치다' 가 되었다.
殳자는 殳戈(수과)라는 어려운 말에 쓰이나 일상 대화에서 사용하는 어휘로는 그 쓰임을 찾아볼 수 없다. 殳戈(수과)라는 말에서 보듯 그 음은 '수' 이다. 殳자는 그 뜻과 음을 합쳐 '칠 수' 라 한다.

부수의 쓰임 殳자가 덧붙여지는 한자는 주로 치는 동작과 관련된 뜻을 지닌다. 다음은 그 부수에 속하는 한자이다.

段 (구분 단)　殼 (껍질 각)　毆 (때릴 구)
殷 (성할 은)　殿 (큰 집 전)　毅 (굳셀 의)
殺 (죽일 살)　毁 (헐 훼)

殳자는 投(던질 투), 役(부릴 역), 設(베풀 설), 般(돌 반), 穀(곡식 곡)자의 구성에 도움을 주기도 한다.

父 아비 부

4획

갑골문	금 문	소 전	예 서
[illegible]	[illegible]	[illegible]	父

글자의 뿌리 도끼를 손에 쥐고 있는 모습을 표현한 글자이다. 옛날 동물을 사냥하거나 열매를 따는 사람 모습에서 활동을 하는 중요한 부분만 나타낸 것이다.

뜻과 음 도끼를 손에 쥔 모습의 父자는 도끼를 들고 동물을 사냥하거나 열매를 따서 가족을 먹여 살리는 사람과 관련하여 그 뜻이 '아비'가 되었다. '아비'는 아버지를 이르는 옛날 말이다.
父자는 父母(부모)·父子(부자)·親父(친부)·叔父(숙부)·家父長(가부장)·父傳子傳(부전자전)·君師父一體(군사부일체)란 말에서 보듯 그 음이 '부'이다.
父자는 그 뜻과 음을 합쳐 '아비 부'라 한다.

부수의 쓰임 父자 부수에 속하는 한자로는 爸(아비 파)·爹(아비 다)·爺(아비 야)자가 있으나 모두 일상 대화(對話)에 활용되지 않고 있다. 그러나 父자가 덧붙여져 음의 역할을 하는 斧(도끼 부)자나 釜(가마솥 부)자는 비교적 자주 활용되고 있다.

5획

가죽 피

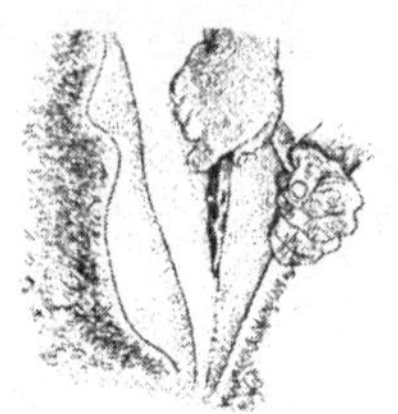

갑골문	금 문	소 전	예 서

글자의 뿌리 옷 같은 것을 만들기 위해 손(又)으로 짐승의 가죽을 벗기고 있는 모양을 표현한 글자이다.

뜻과 음 손으로 벗기는 짐승 가죽과 관련하여 皮자는 그 뜻이 '가죽'이 되었다.

皮膚(피부)·皮革(피혁)·毛皮(모피)·脫皮(탈피)·鐵面皮(철면피)·虎死留皮(호사유피)의 말에서 보듯 皮자는 그 음이 '피'이다.

皮자는 그 뜻과 음을 합쳐 '가죽 피'라 한다.

부수의 쓰임 皮자를 부수로 삼는 한자에는 皺(주름 추)자 정도가 있을 뿐이다. 그러나 皮자가 음의 역할을 하는 한자는 적지 않다. 다음은 그런 한자를 음에 따라 구분한 것이다.

① '피'로 읽히는 한자

被 (입을 피)　疲 (고달플 피)　彼 (저 피)
披 (헤칠 피)

② '파'로 읽히는 한자

波 (물결 파)　破 (깨질 파)　婆 (할미 파)
坡 (비탈 파)　頗 (치우칠 파)　跛 (절뚝발이 파)

聿 6획 붓 율

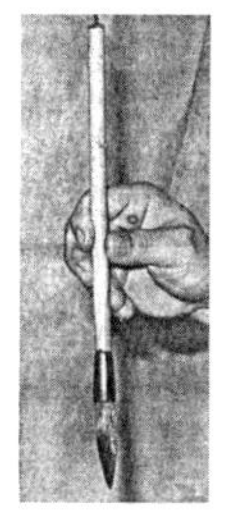

갑골문	금 문	소 전	예 서
[image]	[image]	[image]	聿

글자의 뿌리 손에 잡고 있는 털이 달린 붓을 표현한 글자이다. 붓을 사용할 때는 항상 손으로 잡기 때문에 붓과 손을 함께 나타냈다.

뜻과 음 붓과 관련되어 이뤄진 聿자는 그 뜻이 '붓'이 되었다. 聿자는 律(법률 률)자에 덧붙여져 음의 역할을 하는데, 律法(율법)·律動(율동)·規律(규율)에서 '율'로 읽히는 律자처럼 聿자도 그 음이 '율'이다. 聿자는 그 뜻과 음을 합쳐 '붓 율'이라 한다.

부수의 쓰임 聿자가 덧붙여지는 한자는 흔히 붓을 사용하는 일과 관계되어 이뤄진 뜻을 지닌다. 書(글 서)·畫(그림 화)·筆(붓 필)자가 그런 한자이다. 그러나 이들 한자는 聿자 부수에 속하지 않는다. 정작 聿자를 부수로 삼는 肆(방자할 사)자나 肅(엄숙할 숙)자는 붓과 관계되어 이뤄진 뜻을 지니지 않는다.

여러 종류의 붓

8획

밑 이

갑골문	금 문	소 전	예 서

글자의 뿌리 손으로 짐승 꼬리를 잡고 있는 모양을 표현한 글자이다. 위에는 손을, 아래는 손에 잡힌 갈래진 털이 있는 꼬리를 나타냈다.

뜻과 음 손으로 짐승 꼬리를 잡으려는 사람은 밑으로부터 이를 따라 미치어 잡는다 하여 隶자는 그 뜻이 '밑' 이 되었다.
隶자는 부수의 역할을 하는 글자로 그 음이 '이' 이다.
隶자는 그 뜻과 음을 합쳐 '밑 이' 라 한다.

부수의 쓰임 隶자 부수에 속하는 한자로는 奴隸(노예)의 隸(붙을 례)자 단 하나만 오늘날 비교적 자주 사용되고 있다.
나아가 隶자는 자신이 음의 역할을 하는 逮捕(체포)의 逮(잡을 체)자에서 여전히 그 쓰임을 살펴볼 수 있다. 그러나 康(편안할 강)자에 보이는 형태는 隶자와 관련이 없다.

勹 2획 쌀 포

갑골문	금 문	소 전	예 서

글자의 뿌리 무언가 감싸 안으려는 사람의 손을 표현한 글자이다.

뜻과 음 손으로 무언가 감싸려는 모습에서 勹자는 그 뜻이 '싸다'가 되었다. 勹자는 후에 아이 형상을 덧붙인 包자로 쓰이게 되는데, 包자는 小包(소포)·包圍(포위)·包容(포용)·包袋(포대)·包含(포함)·包裝(포장)의 말에서 보듯 그 음이 '포'이다.

부수의 역할을 하는 勹자도 역시 그 음이 '포'이다. 따라서 勹자는 그 음과 뜻을 합쳐 '쌀 포'라 한다.

부수의 쓰임 勹자를 부수로 삼는 한자는 대체로 '싸다'와 관련된 뜻을 지니는데, 勿(말 물)·匈(오랑캐 흉)·匍(길 포)·匐(길 복)·匏(박 포)자가 그에 속한다.

아울러 위에 보이는 匏자처럼 抱(안을 포)·胞(태보 포)·飽(배부를 포)·砲(대포 포)·泡(거품 포)·咆(으르렁거릴 포)·袍(핫옷 포)·疱(천연두 포)·庖(부엌 포)·鮑(절인 어물 포)·炮(통째로 구울 포)·雹(누리 박)자는 包자가 덧붙여져 음의 역할을 한다.

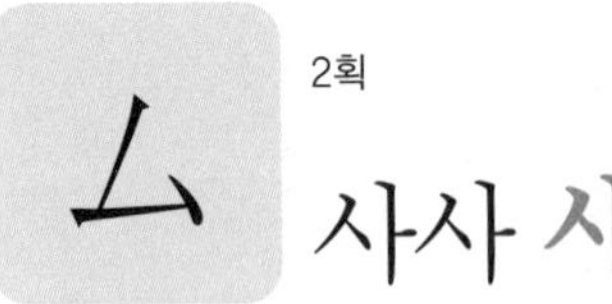

2획

厶 사사 사

갑골문	금 문	소 전	예 서

글자의 뿌리 손이 안으로 굽어진 모양을 표현한 글자로 보인다.

뜻과 음 손이 안으로 굽어진 모양으로 보면서 자기만 생각한다는 의미를 지닌 厶자는 자신만을 위해 일을 꾸민다는 의미인 사사롭다는 말과 관련하여 그 뜻이 '사사'가 되었다. 후에 厶자는 그 뜻을 더욱 분명히 하기 위해 옛부터 사람들이 소중히 했던 벼에서 비롯된 禾(벼 화)자를 덧붙여 私(사사 사)자로 쓰이고 있다. 私자는 私服(사복)·私心(사심)·私生活(사생활)·私利私慾(사리사욕)의 말에서 보듯 그 음이 '사'인데, 厶자 역시 그 음이 '사'이다. 따라서 厶자는 그 뜻과 음을 합쳐 '사사 사'라 한다.

부수의 쓰임 厶자 부수에 속하면서 비교적 자주 사용되는 한자로는 去來(거래)의 去(갈 거)자와 參與(참여)의 參(간여할 참)자가 있다.
나아가 厶자는 始(처음 시)·治(다스릴 치)·殆(위태할 태)·怠(게으를 태)·胎(아이 밸 태)·苔(이끼 태)·颱(태풍 태)·笞(볼기칠 태)·跆(밟을 태)자에서 음의 역할을 하는 台(기뻐할 이/별이름 태)자에 덧붙여져 그 음에 영향을 주고 있다.

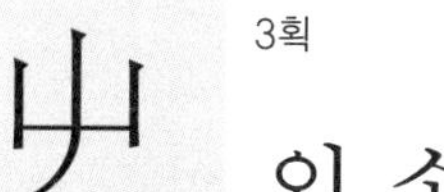

3획

왼손 좌

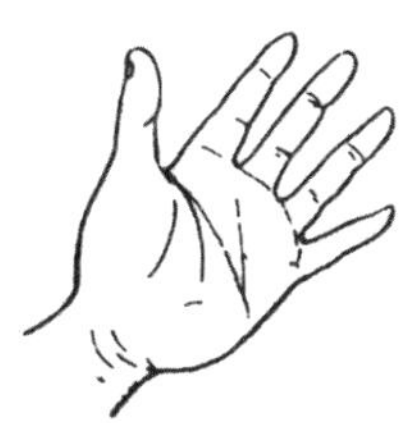

갑골문	금 문	소 전	예 서

글자의 뿌리 왼 손을 표현한 글자이다. 오른 손을 표현한 又(또 우)자처럼 그 손가락을 간략하게 세 손가락으로 나타냈다.

뜻과 음 왼 손에서 비롯된 屮자는 그 뜻이 '왼 손' 이다.
屮자는 工(장인 공)자와 어울려 左(왼 좌)자가 되는데, 左자는 屮자가 음의 역할을 한다. 따라서 左右(좌우)·左翼手(좌익수)·左議政(좌의정)·左側通行(좌측통행)·左之右之(좌지우지)·左衝右突(좌충우돌)의 말에 보이는 左자의 음과 똑같게 屮자는 그 음이 '좌' 이다.
屮자는 그 뜻과 음을 합쳐 '왼 손 좌' 라 한다.

부수의 쓰임 屮자 부수에 속하면서 일상생활에 비교적 자주 사용되는 한자로는 駐屯(주둔)의 屯(진칠 둔)자 뿐이다. 그런데 屯자는 屮자와 관련이 없이 초목의 싹이 움트는 모양을 표현한 屮(싹날 철)자와 관련이 있다. 屮자는 그 형태가 비슷한 屮자 부수에 포함되어 있다.

廾 3획

손 맞잡을 공

갑골문	금 문	소 전	예 서

글자의 뿌리 왼 손(屮)과 오른 손(又)을 맞잡으려는 모습을 표현한 글자이다.

뜻과 음 두 손을 맞잡으려는 모습에서 廾자는 그 뜻이 '손 맞잡다'가 되었다.

廾자는 共(함께 공)자에 덧붙여져 음의 역할을 하는데, 共자는 共用(공용)·共生(공생)·共學(공학)·共同(공동)·共通(공통)의 말에서 보듯 그 음이 '공'이다. 따라서 廾자의 음도 '공'이다.

廾자는 그 뜻과 음을 합쳐 '손 맞잡을 공'이라 한다.

부수의 쓰임 廾자를 부수로 삼는 한자의 뜻은 흔히 두 손의 동작과 관련이 있다. 그러나 嘲弄(조롱)의 弄(희롱할 롱), 弁韓(변한)의 弁(고깔 변), 弊端(폐단)의 弊(해질 폐)자 세 자만 비교적 자주 사용되고 있다.

4획

手 손 수 | 扌 재방변

갑골문	금 문	소 전	예 서

글자의 뿌리 다섯 손가락의 손을 선(線)으로 간략히 표현한 글자이다.

뜻과 음 손을 간략하게 나타낸 手자는 그 뜻이 '손' 이 되었다.. 手足(수족) · 手匣(수갑) · 握手(악수) · 白手(백수) · 手製品(수제품) · 纖纖玉手(섬섬옥수)의 말에서 보듯 手자는 그 음이 '수' 이다. 手자는 그 뜻과 음을 합쳐 '손 수' 라 한다.

手자가 다른 글자에 덧붙여질 때는 扌의 형태로 변화되기도 한다. 扌은 才(재주 재)자 모양으로, 才의 음 '재' 와 모양을 뜻하는 樣(모양 양)자의 음이 변한 '방' 과 다른 글자와 어울릴 때에 항상 왼쪽에 사용될 때 덧붙이는 말인 '변' 이 합쳐져 '재방변' 이라 한다.

부수의 쓰임 손은 물건을 생산하고 생활을 하는 데 많은 활동을 하여 사회의 발달과 번영에 중요한 역할을 한다. 때문에 手(扌)자를 부수로 삼는 한자는 매우 많다. 그런데 그런 한자는 대부분 손의 동작과 관련된 동사의 형태로 쓰이고 있다. 다음에서는 그런 한자만 골라 보았다.

打 (칠 타)	抛 (던질 포)	推 (옮을 추)
托 (밀 탁)	披 (나눌 피)	探 (찾을 탐)
扱 (거두어 모을 급)	拷 (칠 고)	揭 (들 게)
扶 (도울 부)	括 (묶을 괄)	描 (그릴 묘)
扮 (꾸밀 분)	拾 (주울 습)	揷 (꽂을 삽)
批 (칠 비)	拭 (닦을 식)	握 (쥘 악)
抒 (풀 서)	按 (누를 안)	揚 (오를 양)
承 (받들 승)	持 (가질 지)	援 (당길 원)
抑 (누를 억)	挽 (당길 만)	提 (끌 제)
抄 (노략질할 초)	捐 (버릴 연)	換 (바꿀 환)
投 (던질 투)	挺 (뺄 정)	揮 (휘두를 휘)
把 (잡을 파)	挫 (꺾을 좌)	搔 (긁을 소)
抗 (막을 항)	振 (떨칠 진)	損 (덜 손)
拒 (막을 거)	捉 (잡을 착)	搜 (찾을 수)
拘 (잡을 구)	捕 (사로잡을 포)	搖 (흔들거릴 요)
拏 (붙잡을 나)	据 (일할 거)	携 (끌 휴)
拉 (꺾을 랍)	掛 (걸 괘)	摩 (갈 마)
抹 (바를 말)	掘 (팔 굴)	摘 (딸 적)
拍 (칠 박)	捺 (누를 날)	摯 (잡을 지)
拔 (뺄 발)	掠 (노략질할 략)	撫 (어루만질 무)
拂 (떨 불)	排 (밀칠 배)	撲 (칠 박)
押 (누를 압)	捨 (버릴 사)	撥 (다스릴 발)
拗 (꺾을 요)	掃 (쓸 소)	撒 (뿌릴 살)
抵 (거스를 저)	授 (줄 수)	撮 (취할 촬)
拓 (주울 척)	接 (사귈 접)	撑 (버틸 탱)
招 (부를 초)	措 (둘 조)	播 (뿌릴 파)
抽 (뺄 추)	採 (캘 채)	據 (의거할 거)
抱 (안을 포)	捷 (이길 첩)	擊 (칠 격)

撻 (매질할 달)	擇 (가릴 택)	擲 (던질 척)
擔 (멜 담)	擬 (헤아릴 의)	攄 (펼 터)
擁 (안을 옹)	擦 (비빌 찰)	擴 (넓힐 확)
操 (잡을 조)	擾 (어지러울 요)	攝 (당길 섭)

위에 보이는 한자 외에 指(손가락 지)·拳(주먹 권)·掌(손바닥 장)·拇(엄지손가락 무)·掖(겨드랑 액)·技(재주 기)·拜(절 배)자 등은 대부분 손의 부위(部位)와 관련된 뜻을 지니면서 그 의미가 명사의 형태로 쓰이고 있다.

짐승을 보고 놀란 사람 모습

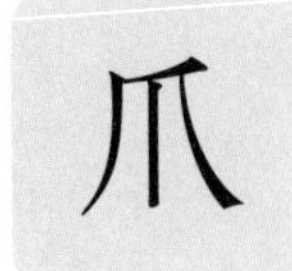

4획

손톱 조 | 爫 손톱조머리

갑골문	금 문	소 전	예 서

❀ 글자의 뿌리 무언가 잡으려고 하는 손을 표현한 글자이다. 손목과 손목에서 이어진 손가락을 셋으로만 간략하게 나타냈다.

❀ 뜻과 음 손에서 비롯된 爪자는 손의 일부분인 '손톱'을 뜻하는데, 이는 무언가 잡으려면 손의 끝마디에 있는 손톱 부분이 중요한 역할을 하기 때문으로 보인다. 爪자는 잘 사용하지 않는 말이지만 爪毒(조독)·爪傷(조상)·爪痕(조흔)에서 보듯 그 음이 '조'이다. 爪자는 그 뜻과 음을 합쳐 '손톱 조'라 한다.

爪자가 글자의 머리에 덧붙여질 때는 약간 생략된 爫의 형태로 쓰이는데, 이는 '손톱조머리'라 한다. 글자의 머리부분에 덧붙여지기 때문에 '손톱 조'에 '머리'를 합쳐 부른 것이다.

❀ 부수의 쓰임 爪(爫)자를 부수로 삼는 한자의 뜻은 대체로 손을 이용한 활동과 관련이 있다. 爭(다툴 쟁)·爬(긁을 파)·爲(할 위)·爵(잔 작)자가 바로 그런 한자이다.

爪자는 孚(미쁠 부)·妥(평온할 타)·受(받을 수)·采(캘 채)·奚(어찌 해)자의 구성에 도움을 주기도 한다.

제5장 사람 관련 부수

발

인류(人類)가 직립(直立)을 하여 생활하는 점은 다른 동물과 구별되는 큰 특징이다. 두 발로 서게 되면서 두 손이 자유스러워지고, 다시 자유스러워진 두 손으로 도구(道具)를 만들게 되면서 점차적으로 문명(文明)이 발달하게 된 것이다. 그처럼 문명이 발달하게 되는 데 중요한 역할을 한 발로 인해 사람은 다른 곳으로 이동(移動)할 수 있는데, 이동을 하는 발의 동작이 다양한 만큼 발의 움직임을 나타내는 한자도 적지 않다.

발과 관련된 부수인 止(그칠 지)·足(발 족)·夂(뒤져 올 치)·夊(천천히 걸을 쇠)·疋(발 소)·癶(걸을 발)·舛(어그러질 천)·韋(다룬 가죽 위)자에 대해 살펴보기로 하겠다.

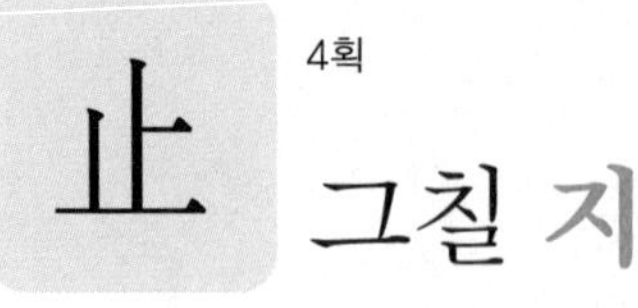

止 4획 그칠 지

갑골문	금 문	소 전	예 서
			止

❀글자의 뿌리 발을 표현한 글자이다. 윗부분은 다섯 개의 발가락을 세 개로 간략하게 나타냈고, 아랫부분은 발뒤꿈치를 나타냈다.

❀뜻과 음 사람은 발을 이용해 움직이기도 하지만 멈춰 서기도 한다. 따라서 발에서 비롯된 止자가 멈춰 선다는 의미와 관련하여 그 뜻이 '그치다'가 되었다.

止자는 止血(지혈)·止揚(지양)·停止(정지)·終止符(종지부)·行動擧止(행동거지)·明鏡止水(명경지수)의 말에서 보듯 그 음이 '지'이다. 止자는 그 뜻과 음을 합쳐 '그칠 지'라 한다.

❀부수의 쓰임 止자가 덧붙여지는 한자는 흔히 발과 관련되어 이뤄진 뜻을 지닌다. 그러나 그 부수에 속하는 한자는 正(바를 정)·此(이 차)·步(걸을 보)·武(굳셀 무)·歪(비뚤 왜)·歲(해 세)·歷(지낼 력)·歸(돌아갈 귀)자 등으로 그다지 많지 않다.

그 외에 止자가 음의 역할을 하는 한자로 祉(복 지)·址(터 지)·趾(발 지)자가 있으며, 부수인 齒(이 치)자도 이를 나타낸 모양 위에 음을 나타낸 止자가 덧붙여져 졌다.

足 7획 발 족 | ⻊ 발족변

갑골문	금 문	소 전	예 서
[illegible]	[illegible]	[illegible]	[illegible]
	[illegible]	[illegible]	[illegible]

❀글자의 뿌리 발을 표현한 글자이다. 발가락과 발뒤꿈치, 그리고 맨 윗부분은 종아리 부위를 나타냈다.

❀뜻과 음 발에서 비롯된 足자는 그 뜻이 '발' 이다.

手足(수족)·四足(사족)·足跡(족적)·足鎖(족쇄)·禁足令(금족령)·足脫不及(족탈불급)·鳥足之血(조족지혈)의 말에서 보듯 足자는 그 음이 '족' 이다.

足자는 그 뜻과 음을 합쳐 '발 족' 이라 한다.

足자가 덧붙여지는 글자에서 왼쪽에 사용될 때는 ⻊의 형태로 약간 변하는데, 이는 글자에서 부수가 왼쪽에 쓰일 때의 명칭 '변' 을 붙여 '발족변' 이라 한다.

❀부수의 쓰임 足(⻊)자 부수에 속하는 한자는 대개 발의 활동과 관련된 뜻을 지닌다. 다음은 바로 그런 한자이다.

趺 (책상다리할 부)	路 (길 로)	蹟 (자취 적)
趾 (발 지)	跡 (자취 적)	踪 (자취 종)
跏 (책상다리할 가)	踊 (뛸 용)	蹙 (대지를 축)
距 (떨어질 거)	踏 (밟을 답)	蹶 (넘어질 궐)
跋 (밟을 발)	踐 (밟을 천)	蹴 (찰 축)
跌 (넘어질 질)	蹂 (밟을 유)	躇 (머뭇거릴 저)
跆 (밟을 태)	蹄 (굽 제)	躁 (성급할 조)
跛 (절뚝발이 파)	蹈 (밟을 도)	躍 (뛸 약)
跳 (뛸 도)	蹉 (넘어질 차)	躊 (머뭇거릴 주)

足자는 促(절박할 촉)자나 捉(잡을 착)자, 그리고 齪(악착스러울 착)자에서 음의 역할을 하기도 한다.

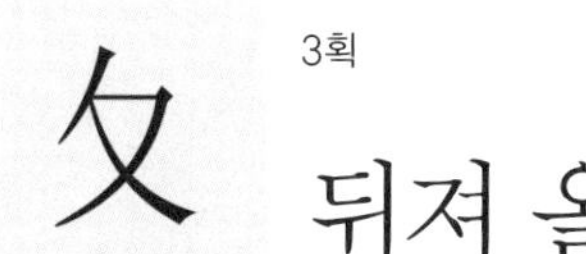

3획

夂 뒤져 올 치

갑골문	금 문	소 전	예 서

❀ 글자의 뿌리 뒤를 향한 발을 표현한 글자이다. 앞을 향하고 있는 발에서 비롯된 止(그칠 지)자를 거꾸로 나타낸 것이다.

❀ 뜻과 음 발이 앞을 향하지 않고 그 반대를 향한 모습에서 夂자는 그 뜻이 '뒤져 오다'가 되었다.

夂자는 부수의 역할만 하는 글자로 그 음이 '치'이다.

따라서 夂자는 그 뜻과 음을 합쳐 '뒤져 올 치'라 한다.

❀ 부수의 쓰임 夂자가 덧붙여지는 한자는 흔히 발과 관련되어 이뤄진 뜻을 지닌다. 그러나 그 부수에 속하면서 오늘날 자주 사용되는 한자는 없고, 降(내릴 강)자의 고자(古字)인 夅(내릴 강)자나 峰(봉우리 봉)·烽(봉화 봉)·蜂(벌 봉)·逢(만날 봉)·鋒(칼끝 봉)자에서 음의 역할을 하는 夆(끌 봉)자가 그 부수에 속한다.

3획

천천히 걸을 쇠

갑골문	금 문	소 전	예 서

❀글자의 뿌리 뒤를 향한 발을 표현한 글자이다. 앞을 향하고 있는 발과 관련되어 이뤄진 止(그칠 지)자를 거꾸로 나타낸 것이다.

❀뜻과 음 발이 뒤를 향하고 있는 모양에서 夊자는 그 뜻이 '천천히 걷다' 가 되었다. 夊자는 부수의 역할만 하는 글자로, 그 음이 '쇠' 이다. 따라서 夊자는 그 뜻과 음을 합쳐 '천천히 걸을 쇠' 라 한다. 오늘날 夊자는 夂(뒤져 올 치)자와 거의 구분이 없이 쓰이고 있다. 그러나 엄밀히 구분하면 夊자는 주로 글자에서 아랫부분에, 夂자는 글자에서 윗부분에 쓰인다.

❀부수의 쓰임 夂자가 덧붙여지는 한자는 대부분 발과 관련되어 이뤄진 뜻을 지니는데, 그 부수에 속하면서 자주 사용되는 한자로는 春夏秋冬(춘하추동)의 夏(여름 하)자 하나뿐이다. 그 외에 俊(준걸 준)·峻(높을 준)·浚(깊을 준)·竣(마칠 준)·駿(준마 준)자에서 음의 역할을 하는 夋(천천히 갈 준)자와 陵(언덕 릉)·凌(능가할 릉)·稜(모 릉)·綾(비단 릉)·菱(마름 릉)자에서 음의 역할을 하는 夌(언덕 릉)자도 그 부수에 속한다.

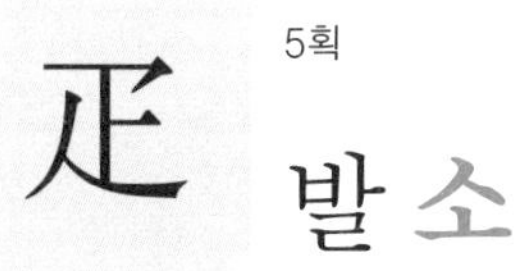

5획

발 소

갑골문	금 문	소 전	예 서

글자의 뿌리 장딴지를 포함한 발을 표현한 글자이다. 위는 장딴지 부분을, 아래는 발 부분을 나타냈다.

뜻과 음 발과 관련하여 이뤄진 疋자는 그 뜻이 '발' 이다.

疋자는 疏(트일 소)자나 疎(트일 소)자에 덧붙여져 음의 역할을 하는데, 疏通(소통)의 疏(소)자나 疎忽(소홀)의 疎(소)자처럼 그 음이 '소' 이다.

疋자는 그 뜻과 음을 합쳐 '발 소' 라 한다.

疋자는 疏(소)자나 疎(소)자에서처럼 그 형태가 약간 변하여 𤴔의 형태로도 쓰이고 있다.

부수의 쓰임 疋(𤴔)자를 부수로 삼는 한자에는 疏通(소통)의 疏(트일 소)자와 疏자와 동자(同字)인 疎(트일 소)자, 그리고 疑惑(의혹)의 疑(의심할 의)자가 있다.

疋자는 胥(서로 서)·蛋(새알 단)·楚(가시나무 초)·旋(돌 선)자의 구성에 도움을 주기도 한다.

5획

걸을 발

갑골문	금 문	소 전	예 서

글자의 뿌리 앞이나 위를 향해 두 발이 걸어가는 모양을 표현한 글자이다. 왼쪽과 오른쪽에 각기 발 하나씩 나타냈다.

뜻과 음 두 발이 걸어가는 모양에서 癶자는 그 뜻이 '걷다'가 되었다. 癶자는 癹(짓밟을 발)자에서 음의 역할을 하고, 癹자는 다시 發(쏠 발)자에서 음의 역할을 하며, 發자는 다시 潑(뿌릴 발)자에서 음의 역할을 한다. 癹·發(발)·潑(발)자 모두 '발'의 음으로 읽히는 것처럼 癶자도 그 음이 '발'이다.
따라서 癶자는 그 뜻과 음을 합쳐 '걸을 발'이라 한다.

부수의 쓰임 癶자를 부수로 삼으면서 오늘날 비교적 자주 사용되는 한자는 많지 않다. 癸丑日記(계축일기)의 癸(열째 천간 계), 登山(등산)의 登(오를 등), 發射(발사)의 發(쏠 발)자 정도가 겨우 쓰이고 있을 뿐이다.

6획

舛 어그러질 천

갑골문	금 문	소 전	예 서

글자의 뿌리 발 하나가 아래를 향해 오른쪽으로, 또 다른 발 하나가 아래를 향해 왼쪽으로 서로 어그러져 있는 모양을 표현한 글자이다.

뜻과 음 아래를 향해 두 발이 서로 어그러져 있는 모양에서 舛자는 그 뜻이 '어그러지다'가 되었다.

舛자는 잘 안 쓰이는 말이지만 舛逆(천역)이나 舛雜(천잡)에서 보듯 그 음이 '천'이다.

舛자는 그 뜻과 음을 합쳐 '어그러질 천'이라 한다.

부수의 쓰임 舛자 부수에 속하면서 오늘날 비교적 자주 사용되는 한자로는 堯舜(요순)의 舜(순임금 순)자와 舞踊(무용)의 舞(춤출 무)자가 있다.

그 외에 傑(뛰어날 걸)자에서 음의 역할을 하는 桀(홰 걸)자나 燐(도깨비불 린)·隣(이웃 린)·鱗(비늘 린)·麟(기린 린)·憐(불쌍히 여길 련)자에서 음의 역할을 하는 粦(도깨비불 린)자로 여전히 그 쓰임을 엿볼 수 있다.

韋 9획 다룬 가죽 위

갑골문	금 문	소 전	예 서

글자의 뿌리 일정하게 경계 그어진 지역을 발이 서로 어긋나게 돌고 있음을 표현한 글자이다.

뜻과 음 일정한 지역을 발이 서로 어긋나게 돌고 있음에서 韋자는 본래 '어긋나다'의 뜻을 지녔으나 후대로 내려오면서 털과 기름이 제거된 가죽인 '다룬 가죽'의 뜻으로 빌려 쓰였다. 이는 '다룬 가죽'을 표현할 글자가 미처 만들어지지 않은 상태에서 韋자가 마침 같은 음(音)으로 읽혔기 때문이다.

韋자는 韋編三絶(위편삼절)의 말에서 보듯 그 음이 '위'이다.

韋자는 그 뜻과 음을 합쳐 '다룬 가죽 위'라 한다.

부수의 쓰임 韋자를 부수로 삼는 한자로는 韓國(한국)의 韓(나라 이름 한)자와 靭帶(인대)의 靭(질길 인)자 정도가 비교적 자주 사용되고 있다.

아울러 韋자는 偉(클 위)·圍(에울 위)·緯(씨 위)·違(어길 위)·衛(지킬 위)·諱(꺼릴 휘)에 덧붙여져 음의 역할을 하기도 한다.

제6장

사람 관련 부수

입

사람에게 있어서 입은 두 가지 큰 역할을 한다. 하나는 먹는 일이며, 또 다른 하나는 말하는 것이다. 먹는 일과 말하는 일은 사람의 생존(生存)과 생활(生活)을 하는 데 매우 중요하다. 바로 그 생존과 생활을 위해 사람의 다양한 활동이 입을 통해 이뤄지는데, 이를 나타내기 위해 적지 않은 글자가 만들어졌다.

바로 그 입과 관련된 부수인 口(입 구)·曰(가로 왈)·甘(달 감)·舌(혀 설)·言(말씀 언)·音(소리 음)·齒(이 치)·牙(어금니 아)자에 대해 살펴보기로 하겠다.

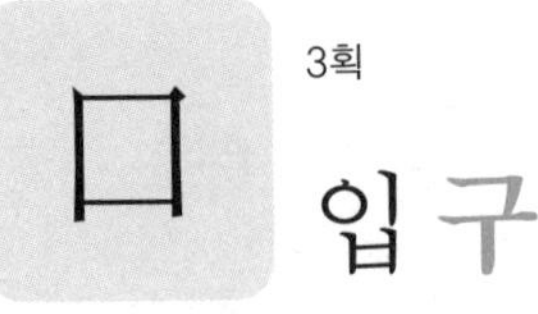

3획

口 입 구

갑골문	금 문	소 전	예 서

❀ 글자의 뿌리 사람의 입을 표현한 글자이다. 다물고 있는 입으로 문자(文字)를 이루기 어려워 약간 벌린 입으로 나타냈다.

❀ 뜻과 음 입 모양에서 비롯된 口자는 그 뜻이 '입'이 되었다.
大口(대구)·食口(식구)·緘口令(함구령)·口舌數(구설수)·耳目口鼻(이목구비)·有口無言(유구무언)의 말에서 보듯 口자는 그 음이 '구'이다.
口자는 그 뜻과 음을 합쳐 '입 구'라 한다.

❀ 부수의 쓰임 口자 부수에 속하는 한자는 일반적으로 입과 관련된 부위나 그 활동에서 비롯된 뜻을 지닌다. 그러나 글자의 수(數)가 비교적 많으며, 그 뜻의 쓰임 역시 복잡하여 구분이 쉽지 않다. 다음은 그런 한자를 네가지로 나누어 살펴보았다.

① 입과 관련된 부위를 나타낸 한자

喉 (목구멍 후)　咽 (목구멍 인)　吻 (입술 문)

② 언어활동에서 비롯된 뜻을 지닌 한자

命 (명할 명)　問 (물을 문)　咨 (물을 자)

叫 (부르짖을 규)	召 (부를 소)	吟 (읊을 음)
唱 (부를 창)	叱 (꾸짖을 질)	呼 (부를 호)
喊 (소리 함)	喚 (부를 환)	呪 (방자 주)
喝 (꾸짖을 갈)	喻 (깨우쳐 줄 유)	囑 (청촉할 촉)
嗚 (탄식할 오)		

③ **언어활동 외에 입과 관련된 뜻을 지닌 한자**

吐 (토할 토)	呑 (삼길 탄)	含 (머금을 함)
吹 (불 취)	吸 (숨들이 쉴 흡)	喫 (먹을 끽)
唾 (침 타)	味 (맛 미)	呻 (끙끙거릴 신)
哀 (서러울 애)	哭 (울 곡)	哨 (파수 볼 초)
啞 (벙어리 아)	嗅 (맡을 후)	嘆 (한숨쉴 탄)
嘲 (비웃을 조)	吼 (울 후)	咆 (으르렁거릴 포)
哺 (먹을 포)		

④ **입과 관련이 없는 한자**

器 (그릇 기)	史 (사관 사)	吏 (벼슬아치 리)
向 (북창 향)	各 (각각 각)	呂 (등뼈 려)
品 (가지 품)	員 (인원 원)	喬 (높을 교)
嚴 (엄할 엄)	囊 (주머니 낭)	單 (홑 단)

口자가 덧붙여진 글자는 항상 입과 관련된 의미를 지니지 않는다. 예컨대 品자의 口는 물건을 나타낸 것이며, 向자의 口는 창문을 나타낸 것이고, 各자의 口는 일정한 구역을 나타낸 것이다. 위의 네 번째 유형에 속하는 한자가 모두 그런 경우이다.

뉴우기니 사람의 입 모습

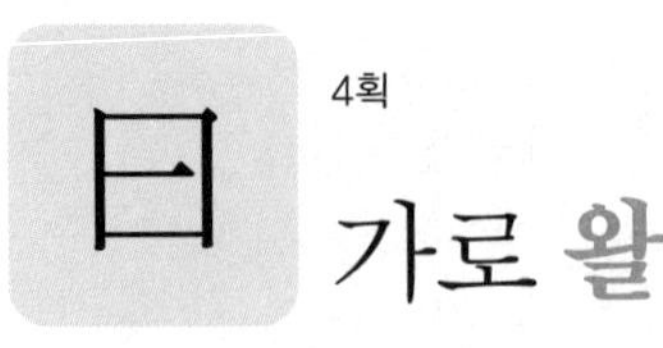

曰 4획 가로 왈

갑골문	금 문	소 전	예 서

❀ 글자의 뿌리 입과 말할 때에 입 속으로부터 나오는 소리의 기운(氣運)을 나타낸 모습이 어우러진 글자이다.

❀ 뜻과 음 말을 하는 입을 바탕으로 표현된 曰자는 그 뜻이 남의 말을 인용할 때에 사용하는 말인 '가로'가 되었다. '가로(가로되)'는 오늘날의 '말하되'나 '말하기를'과 같은 의미이다.

曰자는 曰牌(왈패)·曰字(왈자)·曰可曰否(왈가왈부)·孔子曰孟子曰(공자왈맹자왈)에서 보듯 그 음이 '왈'이다.

曰자는 그 뜻과 음을 합쳐 '가로 왈'이라 한다.

❀ 부수의 쓰임 曰자 부수에 속하는 한자는 그다지 많지 않은데, 그 구성도 대부분 曰자와 관계없이 이뤄졌다. 단지 글자 모양이 비슷해 曰자 부수에 속할 뿐이다. 다음은 그런 한자이다.

會 (모일 회)
曲 (굽을 곡)
曳 (끌 예)
更 (다시 갱·고칠 경)
書 (글 서)
曺 (성 조)
曹 (마을 조)
曾 (일찍 증)
替 (쇠퇴할 체)
最 (가장 최)

甘 5획 달 감

갑골문	금 문	소 전	예 서

글자의 뿌리 입 속에 무언가 머금고 있는 형상을 표현한 글자이다.

뜻과 음 맛은 일정한 형태가 없다. 그런데 단것은 대부분의 사람들이 좋아하기 때문에 흔히 입 속에 넣어 맛을 즐긴다. 따라서 입 속에 무언가 머금고 있는 모습을 한 선(線)으로 나타낸 甘자는 그 뜻이 '달다' 가 되었다.
甘草(감초)·甘酒(감주)·甘味料(감미료)·甘呑苦吐(감탄고토)·苦盡甘來(고진감래)의 말에서 보듯 甘자는 그 음이 '감' 이다.
甘자는 그 뜻과 음을 합쳐 '달 감' 이라 한다.

부수의 쓰임 甘자 부수에 속하면서 비교적 자주 사용되는 한자로는 甘자와 匹(짝 필)자가 합쳐진 甚(심할 심)자뿐이라 해도 지나치지 않다. 오히려 甘자는 蜜柑(밀감)의 柑(감자나무 감), 疳疾(감질)의 疳(감질 감), 紺色(감색)의 紺(반물 감), 象嵌(상감)의 嵌(산 깊을 감), 邯鄲之夢(한단지몽)의 邯(땅이름 한〔함〕)자에 덧붙여져 음의 역할을 하는 경우가 더 많다.

舌 6획 혀 설

갑골문	금 문	소 전	예 서
			舌

글자의 뿌리 입 밖으로 내민 혀를 표현한 글자로 보인다. 혀를 갈라진 선(線)으로 나타낸 것은 그 움직이는 모양만을 취한 것으로 여겨진다.

뜻과 음 혀와 관련이 있는 舌자는 그 뜻이 '혀'가 되었다. 舌戰(설전)·舌盒(설합 → 서랍)·毒舌(독설)·雀舌茶(작설차)·長廣舌(장광설)·口舌數(구설수)의 말에서 보듯 舌자는 그 음이 '설'이다. 舌자는 그 뜻과 음을 합쳐 '혀 설'이라 한다.

부수의 쓰임 舌자 부수에 속하면서 일상생활에 비교적 자주 사용되는 한자로는 舍廊(사랑)의 舍(집 사)자와 舒情(서정)의 舒(펼 서)자가 있는데, 두 글자 모두 혀와 관련이 없다.
아울러 括(묶을 괄)·刮(깎을 괄)·活(살 활)·話(말씀 화)자에 보이는 舌의 형태도 '혀'와 관련이 없다. 그러나 憩(쉴 게)자에 보이는 舌자는 '혀'와 관련되어 그 뜻이 이뤄졌다.

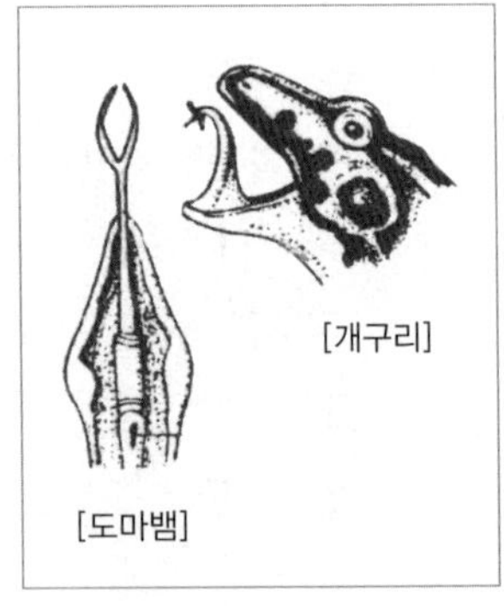

동물들의 혀 모습

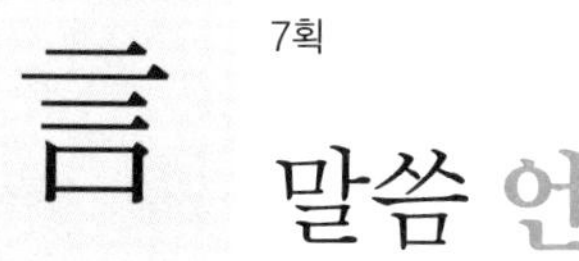

7획

言 말씀 언

갑골문	금 문	소 전	예 서

글자의 뿌리 말을 하는 입(口)과 그 위에 말을 할 때 중요한 역할을 하는 혀를 표현한 글자이다.

뜻과 음 말하는 부분과 관련되어 이뤄진 言자는 그 뜻이 말을 높이어 이르는 '말씀' 이 되었다.

言자는 言語(언어) · 言爭(언쟁) · 名言(명언) · 遺言(유언) · 甘言利說(감언이설) · 男兒一言重千金(남아일언중천금)의 말에서 보듯 그 음이 '언' 이다.

言자는 그 뜻과 음을 합쳐 '말씀 언' 이라 한다.

부수의 쓰임 言자 부수에 속하는 한자는 일반적으로 입의 역할이나 언어활동과 관련된 뜻을 지닌다. 다음은 그런 한자를 뜻의 쓰임에 따라 나눠 본 것이다.

① 동사류

記 (기록할 기)	訂 (바로잡을 정)	計 (셀 계)
訊 (물을 신)	託 (부탁할 탁)	訓 (가르칠 훈)

訥 (말 더듬을 눌) 訪 (찾을 방) 訟 (송사할 송)
許 (허락할 허) 訴 (하소연할 소) 詠 (읊을 영)
評 (끊을 평) 誇 (자랑할 과) 試 (시험할 시)
詰 (물을 힐) 誡 (경계할 계) 誣 (무고할 무)
誓 (맹서할 서) 誦 (욀 송) 誤 (그릇할 오)
誘 (꾈 유) 認 (알 인) 誌 (기록할 지)
論 (말할 론) 誹 (헐뜯을 비) 諂 (아첨할 첨)
請 (청할 청) 諫 (간할 간) 諾 (대답할 낙)
謀 (꾀할 모) 謁 (아뢸 알) 謂 (이를 위)
諮 (물을 자) 諷 (욀 풍) 講 (익힐 강)
謄 (베낄 등) 謗 (헐뜯을 방) 謝 (사례할 사)
謬 (그릇될 류) 識 (알 식) 警 (경계할 경)
譬 (비유할 비) 議 (의논할 의) 譴 (꾸짖을 견)
譽 (기릴 예) 讀 (읽을 독) 讓 (사양할 양)
讚 (기릴 찬)

② 형용사류

詐 (속일 사) 詳 (속일 양 · 자세할 상) 諧 (화할 해)
謙 (겸손할 겸) 謹 (삼갈 근) 誼 (옳을 의)
誠 (정성스러울 성)

③ 명사류

訃 (부고 부) 詩 (시 시) 詞 (말씀 사)
語 (말씀 어) 談 (말씀 담) 諡 (시호 시)
話 (이야기 화) 謠 (노래 요) 諺 (상말 언)
謎 (수수께끼 미) 譚 (이야기 담) 證 (증거 증)
譜 (계보 보) 讖 (참서 참)

위에 보이는 형용사류의 한자는 대부분 사람의 정신상태를 나타내는 뜻과 관련이 있다. 또 언어활동을 나타내는 뜻과 관련이 있는 동사류의 한자는 명사로도 쓰이고, 명사류의 한자 역시 동사로도 쓰인다.

音 9획 소리 음

갑골문	금 문	소 전	예 서

글자의 뿌리 말을 할 때 중요한 역할을 하는 혀와 입, 그리고 입 가운데 작은 선(線)을 덧붙여 표현한 글자이다. 작은 선은 말 속에 소리가 있음을 나타낸 부호(符號)로 보인다.

뜻과 음 소리를 내는 데 중요한 역할을 하는 혀와 입, 그리고 말 속의 소리를 나타낸 작은 선이 어우러진 글자이기 때문에 音자는 그 뜻이 '소리'가 되었다.

音聲(음성)·音癡(음치)·高音(고음)·騷音(소음)·防音壁(방음벽)·不協和音(불협화음)·訓民正音(훈민정음)의 말에서 보듯 音자는 그 음이 '음'이다.

音자는 그 뜻과 음을 합쳐 '소리 음'이라 한다.

부수의 쓰임 音자 부수에 속하는 한자로는 音韻(음운)의 韻(운 운)자와 影響(영향)의 響(울릴 향)자 정도가 오늘날 비교적 자주 사용되고 있다. 明暗(명암)의 暗(어두울 암)자와 歆饗(음향)의 歆(받을 흠)자는 音자가 덧붙여져 음의 역할을 한다.

齒 이 치

15획

갑골문	금 문	소 전	예 서
			齒

❀ 글자의 뿌리 원래 입 안 위 아래에 나란히 나 있는 이를 표현한 글자이다. 후에 음(音)의 역할을 하는 止(그칠 지)자를 덧붙였다.

❀ 뜻과 음 이 모습에서 齒자는 그 뜻이 '이'가 되었다. 齒牙(치아)·齒科(치과)·齒痛(치통)·齒藥(치약)·永久齒(영구치)·脣亡齒寒(순망치한)·丹脣皓齒(단순호치)의 말에서 보듯 齒자는 그 음이 '치'이다. 齒자는 그 뜻과 음을 합쳐 '이 치'라 한다.

❀ 부수의 쓰임 齒자 부수에 속하는 한자는 일반적으로 이와 관계된 뜻을 지닌다. 年齡(연령)의 齡(나이 령), 齧齒類(설치류)의 齧(물 설), 齒齦炎(치은염)의 齦(잇몸 은), 齷齪(악착)의 齷(악착할 악)자와 齪(악착할 착)자가 바로 그런 한자이다.

옛날의 청동 도끼

牙 4획 어금니 아

갑골문	금 문	소 전	예 서

글자의 뿌리 입 안쪽에 있는 어금니를 표현한 글자이다.

뜻과 음 어금니를 나타냈기 때문에 牙자는 그 뜻이 '어금니' 이다. 齒牙(치아)·象牙(상아)·牙音(아음)·牙城(아성)이란 말에서 보듯 牙자는 그 음이 '아' 이다.

牙자는 그 뜻과 음을 합쳐 '어금니 아' 라 한다.

부수의 쓰임 牙자 부수에 속하는 한자로는 支撐(지탱)의 撐(버틸 탱)자에서 음의 역할을 하는 牚(버팀목 탱)자 하나 있을 뿐이다.

그러나 牙자는 芽(싹 아)·雅(우아할 아)·鴉(갈까마귀 아)·訝(맞을 아)·邪(간사할 사)자의 구성에 도움을 주면서 음의 역할을 한다.

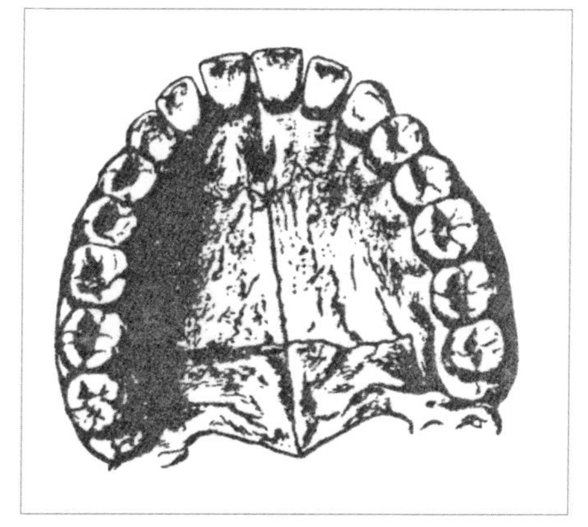

입속의 이 모습

제7장 사람 관련 부수

신체 일부

부수 가운데에는 인체(人體)의 일부분을 나타내는 글자가 적지 않다. 그 중에 옷으로 감싸인 다른 부분과 달리 머리는 신체(身體)에서 겉으로 드러나는 부분으로 중요한 역할을 하는 여러 기관(器官)이 있다. 눈과 코와 입과 귀가 그런 기관에 속하는데, 그 중에 눈을 중심으로 이뤄진 부수는 흔히 머리와 관련된 뜻을 지닌다. 머리의 모든 기관을 다 나타낼 수 없기 때문에 눈이 머리를 대표한 것이다.

주로 머리와 관련된 부수인 目(눈 목)·而(말 이을 이)·耳(귀 이)·臣(신하 신)·自(스스로 자)·面(낯 면)·首(머리 수)·鼻(코 비)·心(마음 심)자에 대해 살펴보기로 하겠다.

5획

目 눈 목

갑골문	금 문	소 전	예 서

글자의 뿌리 눈을 표현한 글자이다. 후에 눈이 세워진 모양으로 변하여 원래의 형태를 잃어 버렸다.

뜻과 음 눈을 나타냈기 때문에 目자는 그 뜻이 '눈' 이다.
面目(면목) · 目禮(목례) · 目擊者(목격자) · 盲目的(맹목적) · 耳目口鼻(이목구비) · 目不識丁(목불식정)의 말에서 보듯 目자는 그 음이 '목' 이다.
目자는 그 뜻과 음을 합쳐 '눈 목' 이라 한다.

부수의 쓰임 目자 부수에 속하는 한자는 눈의 일부분이나 눈의 역할과 관계된 뜻을 지닌다. 이를 그 뜻의 쓰임에 따라 구분하면 다음 세 가지로 볼 수 있다.

① 눈이나 눈의 일부분을 나타내는 한자

眼 (눈 안)　　睛 (눈동자 정)　　瞳 (눈동자 동)
眸 (눈동자 모)　　眉 (눈썹 미)　　眄 (애꾸눈 면)

② '보다'라는 뜻을 지닌 한자

看 (볼 간)　　眈 (노려볼 탐)　　眷 (돌아볼 권)
眺 (바라볼 조)　　督 (살펴볼 독)　　睹 (볼 도)
瞰 (볼 감)　　瞥 (언뜻 볼 별)　　瞿 (볼 구)
瞻 (볼 첨)

③ '보다'라는 뜻 외에 눈의 활동이나 상태와 관련된 한자

盲 (소경 맹)　　省 (살필 성)　　眠 (잠잘 면)
眩 (아찔할 현)　　瞋 (부릅뜰 진)　　瞭 (밝을 료)
瞬 (눈깜작일 순)　　睡 (졸 수)

그 외에 相(서로 상)·盾(방패 순)·直(곧을 직)·眞(참 진)자도 目자 부수에 속한다.

흙으로 빚은 옛날 사람 모습

而

6획

말 이을 이

갑골문	금 문	소 전	예 서

글자의 뿌리 수염을 표현한 글자이다. 맨 위는 턱을, 그 아래는 턱에서 늘어진 수염을 나타냈다.

뜻과 음 수염을 본떴기 때문에 而자는 '턱수염'이나 '구레나룻'의 뜻을 지녔으나 후대로 내려오면서 접속사(接續詞)로써 단어(單語)나 문장(文章)을 잇는 데 빌려 사용되고 있다. 따라서 而자는 접속사로써 앞의 말을 잇는다 하여 그 뜻이 '말 잇다'가 되었다.

而자는 而立(이립)·似而非(사이비)·形而上學(형이상학)·學而時習(학이시습)의 말에서 보듯 그 음이 '이'이다.

而자는 그 뜻과 음을 합쳐 '말 이을 이'라 한다.

부수의 쓰임 而자를 부수로 삼는 한자 중에서는 忍耐(인내)의 耐(견딜 내)자만 일상생활에서 비교적 자주 사용되고 있다. 그 외에 端正(단정)의 端(바를 단), 喘息(천식)의 喘(헐떡거릴 천), 瑞光(서광)의 瑞(상서 서)자에서 음의 역할을 하는 耑(끝 단)자도 그 부수에 속해 있다.

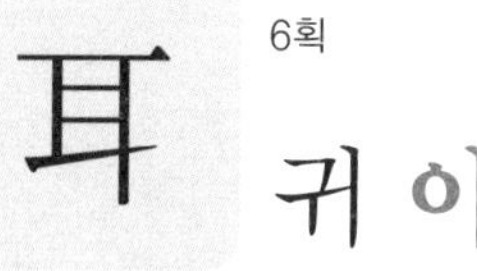

6획

귀 이

갑골문	금 문	소 전	예 서

❀글자의 뿌리 귀를 표현한 글자이다. 귀의 윤곽이나 귓구멍의 부위를 선(線)으로 간단하게 나타냈다.

❀뜻과 음 귀 모습에서 耳자는 그 뜻이 '귀'가 되었다.
耳目(이목)·耳順(이순)·中耳炎(중이염)·牛耳讀經(우이독경)·馬耳東風(마이동풍)·耳鼻咽喉科(이비인후과)의 말에서 보듯 耳자는 그 음이 '이'이다.
耳자는 그 뜻과 음을 합쳐 '귀 이'라 한다.

❀부수의 쓰임 귀는 소리를 듣는 기관(器管)이기 때문에 耳자 부수에 속하는 한자는 대개 듣는 활동과 관련되어 이뤄진 뜻을 지닌다. 다음은 바로 그런 한자이다.

耽 (즐길 탐)	聞 (들을 문)	聰 (귀 밝을 총)
聊 (애오라지 료)	聚 (모일 취)	職 (직분 직)
聘 (부를 빙)	聯 (잇달 련)	聾 (귀머거리 롱)
聖 (성스러울 성)	聲 (소리 성)	聽 (들을 청)

臣

6획

신하 신

갑골문	금 문	소 전	예 서

글자의 뿌리 치켜 뜬 눈을 표현한 글자이다. 신분이 낮은 사람이 섬기는 주인을 감히 똑바로 바라보지 못하고 고개를 고정한 채 눈만 치켜 뜬 모습을 나타낸 것이다.

뜻과 음 치켜 뜬 눈을 나타낸 臣자는 신분이 낮은 사람과 관련되면서 왕을 섬기는 사람인 '신하'의 뜻을 지니게 되었다.
臣자는 文臣(문신)·武臣(무신)·使臣(사신)·忠臣(충신)·死六臣(사육신)·君臣有義(군신유의)의 말에서 보듯 '신'의 음으로 읽힌다. 臣자는 그 뜻과 음을 합쳐 '신하 신'이라 한다.

부수의 쓰임 臣자 부수에 속하면서 비교적 자주 사용되는 한자로는 臥床(와상)의 臥(누울 와)자와 君臨(군림)의 臨(임할 림)자가 있다. 그 외에 堅(굳을 견)·腎(콩팥 신)·豎(더벅머리 수)·緊(굵게 얽을 긴)·賢(어질 현)자에서 음의 역할을 하는 臤(단단할 견)자와, 藏(감출 장)·贓(장물 장)자에서 음의 역할을 하는 臧(착할 장)자도 그 부수에 속한다.

6획

自 스스로 자

갑골문	금 문	소 전	예 서

글자의 뿌리 코를 표현한 한자이다.

뜻과 음 흔히 사람들이 스스로를 가리킬 때는 손가락이 얼굴을 향한다. 그런데 그 얼굴의 한가운데에는 코가 있다. 따라서 코에서 비롯된 自자는 그 뜻이 '스스로'가 되었다. 원래 '코'를 나타내는 글자는 自자에 음의 역할을 하는 畀(줄 비)자를 덧붙여 鼻(코 비)자다.
自자는 自己(자기)·自身(자신)·自畵像(자화상)·自轉車(자전거)·自由自在(자유자재)·自問自答(자문자답)의 말에서 보듯 그 음이 '자'이다. 自자는 그 뜻과 음을 합쳐 '스스로 자'라 한다.

부수의 쓰임 自자는 코 모양에서 비롯된 글자이기 때문에 그와 합쳐지는 한자의 뜻 역시 코와 관련이 있다. 오늘날 부수이면서 코의 뜻으로 쓰이는 鼻(코 비)자 외에 息(숨쉴 식)·熄(꺼질 식)·憩(쉴 게)·臭(냄새 취)·嗅(맡을 후)자가 바로 그런 경우에 속한다. 그러나 그 가운데 臭자 한 글자만 自자 부수에 속한다.

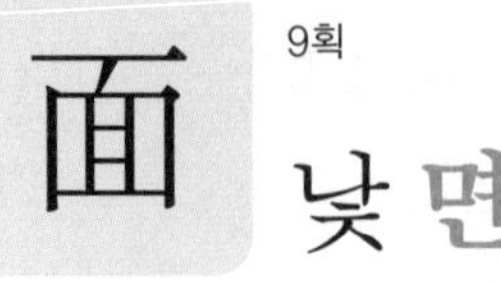

9획

낯 면

갑골문	금 문	소 전	예 서

글자의 뿌리 낯을 표현한 글자이다. 얼굴을 대표한 눈을 중심으로 낯의 윤곽을 나타냈다.

뜻과 음 낯에서 비롯된 面자는 그 뜻이 '낯'이 되었다.
顔面(안면)·假面(가면)·面刀(면도)·面會(면회)·面紗布(면사포)·鐵面皮(철면피)·洗面道具(세면도구)의 말에서 보듯 面자는 그 음이 '면'이다. 面자는 그 뜻과 음을 합쳐 '낯 면'이라 한다.

부수의 쓰임 面자 부수에 속하면서 오늘날 비교적 자주 사용되는 한자는 단 하나도 없다. 단지 面자는 자신이 음의 역할을 하는 冷麵(냉면)의 麵(밀가루 면)자나 緬羊(면양)의 緬(가는 실 면)자에서 겨우 그 쓰임을 엿볼 수 있다.

청동기에 주조되어 있는 얼굴 모습

9획

머리 수

갑골문	금 문	소 전	예 서

글자의 뿌리 옆에서 본 머리를 표현한 글자이다. 머리의 털과 머리를 대표한 눈의 형상이 서로 어우러진 모습으로 나타나 있다.

뜻과 음 머리를 나타냈기 때문에 首자는 그 뜻이 '머리' 가 되었다. 斬首(참수) · 自首(자수) · 首級(수급) · 首肯(수긍) · 絞首刑(교수형) · 鶴首苦待(학수고대) · 鳩首會議(구수회의)의 말에서 보듯 首자는 그 음이 '수' 이다.

首자는 그 뜻과 음을 합쳐 '머리 수' 라 한다.

부수의 쓰임 首자 부수에 속하면서 일상생활에 자주 사용되는 한자는 단 한 자도 없다. 首자가 덧붙여지는 한자로도 道(길 도)자 하나만 자주 사용되고 있을 뿐이다.

청동으로 주조한 머리 모습

14획

코 비

갑골문	금 문	소 전	예 서

글자의 뿌리 코를 표현한 형태(自)와 두 손으로 무언가 주는 모습을 표현한 형태(畀)가 어우러진 글자이다.

뜻과 음 코에서 비롯된 自(스스로 자)자가 원래 '코'를 뜻하는 글자였다. 그러나 自자는 후대로 내려오면서 '스스로'의 뜻으로 바뀌어 쓰였다. 그러자 自자에 다시 음(音)의 역할을 하는 畀(줄 비)자가 덧붙여진 鼻자가 만들어져 '코'를 뜻하게 되었다.

鼻자는 鼻音(비음)·鼻炎(비염)·鼻祖(비조)·吾鼻三尺(오비삼척)·耳目口鼻(이목구비)·耳鼻咽喉科(이비인후과)의 말에서 보듯 그 음이 '비'이다.

鼻자는 그 뜻과 음을 합쳐 '코 비'라 한다.

부수의 쓰임 鼻자 부수에 속하는 한자로는 嗅覺(후각)의 嗅(맡을 후)자와 바뀌어 쓰이는 齅(맡을 후)자가 있다.

나아가 鼻자는 코를 베어 내는 형벌인 劓刑(의형)의 劓(코 벨 의)자 구성에 도움을 주고 있다.

心 4획 마음 심 | 忄 심방변 | 㣺 밑마음심

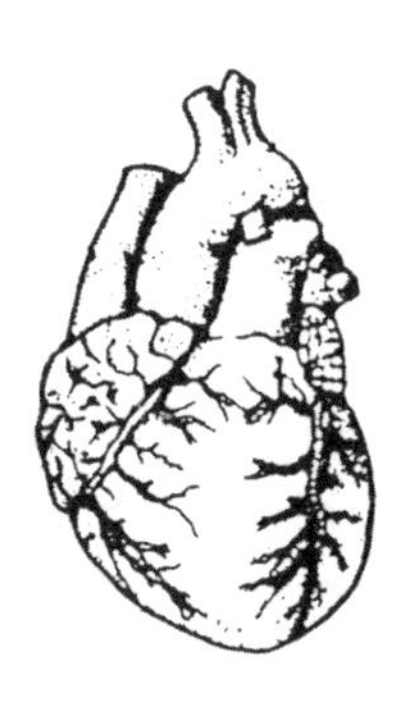

갑골문	금 문	소 전	예 서

글자의 뿌리 심장(心臟)을 표현한 글자이다.

뜻과 음 옛날 사람들은 정신(精神)이 심장에 있어서 마음을 주관(主管)한다고 여겼다. 따라서 심장 모양에서 비롯된 心자가 '마음'의 뜻을 지니게 되었다.

人心(인심)·孝心(효심)·老婆心(노파심)·好奇心(호기심)·作心三日(작심삼일)·一片丹心(일편단심)의 말에서 보듯 心자는 그 음이 '심'이다. 心자는 그 뜻과 음을 합쳐 '마음 심'이라 한다.

心자가 글자에 덧붙여질 때는 性(성)자나 情(정)자에 보이는 忄의 형태로 변화되어 쓰이기도 한다. 드물게 恭(공)자나 慕(모)자에 보이는 㣺의 형태로 변화되어 쓰이기도 한다. 忄은 心자의 음 '심'과 다른 글자와 어울려 곁에 사용된다 하여 곁을 뜻하는 傍(곁 방)자의 음 '방'과 부수가 항상 왼쪽에 덧붙여 쓰일 때에 부르는 명칭인 '변'을 합하여 '심방변'이라 하고, ⺗은 글자에서 밑 부분에 쓰인다 하여 '밑 마음심'이라 한다.

❀부수의 쓰임 心(忄·⺗)과 합쳐지는 한자는 사람의 성품이나 성질, 또는 심리적 활동과 관련된 뜻을 지닌다. 다음은 그 뜻의 쓰임에 따라 세 유형으로 나눈 것이다.

① 사람의 성품이나 성질과 관련된 한자

志 (뜻 지)	意 (뜻 의)	忠 (충성 충)	惰 (게으를 타)
怠 (게으를 태)	愚 (어리석을 우)	恕 (어질 서)	惡 (악할 악)
性 (성품 성)	恩 (은혜 은)	恭 (공손할 공)	惠 (은혜 혜)
情 (뜻 정)	愼 (삼갈 신)	慢 (게으를 만)	懈 (게으를 해)
懇 (정성 간)	懦 (나약할 나)	懶 (게으를 나)	忍 (참을 인)
慧 (슬기로울 혜)	忽 (소홀히 할 홀)		

② 사람의 사유(思惟) 활동과 관련된 한자

思 (생각할 사)	想 (생각할 상)	忖 (헤아릴 촌)	憶 (기억할 억)
念 (생각 념)	懷 (품을 회)	戀 (사모할 련)	慕 (사모할 모)
惑 (미혹할 혹)	悟 (깨달을 오)	忘 (잊을 망)	慮 (생각할 려)

③ 심리적 활동과 관련된 한자

怒 (성낼 노)	悲 (슬플 비)	怨 (원망할 원)	恐 (두려워할 공)
惜 (아낄 석)	慽 (근심할 척)	愁 (근심할 수)	感 (감동할 감)
快 (쾌할 쾌)	忿 (성낼 분)	悶 (번민할 민)	患 (근심 환)
怪 (의심할 괴)	慈 (사랑할 자)	忌 (미워할 기)	忙 (바쁠 망)
急 (급할 급)	惶 (두려워할 황)	怖 (두려워할 포)	怯 (겁낼 겁)
恥 (부끄러워할 치)	恣 (방자할 자)	恤 (근심할 휼)	恨 (한할 한)
悅 (기뻐할 열)	悔 (뉘우칠 회)	悚 (두려워할 송)	悛 (고칠 전)
悼 (슬퍼할 도)	愛 (사랑할 애)	惹 (이끌 야)	惱 (괴롭힐 뇌)
惻 (슬퍼할 측)	愧 (부끄러워할 괴)	慄 (두려워할 률)	慌 (황홀할 황)
憂 (근심 우)	慚 (부끄러워할 참)	慰 (위로할 위)	慾 (욕심 욕)
慘 (아플 참)	慨 (분개할 개)	憎 (미워할 증)	憐 (불쌍히 여길 련)
憤 (결낼 분)	憫 (불쌍히 여길 민)	憔 (수척할 초)	憮 (어루만질 무)
憚 (꺼릴 탄)	懺 (뉘우칠 참)	懼 (두려워할 구)	

제8장 건물 관련 부수

사람이 세상을 사는 데 기본적으로 반드시 갖추어야 할 세 가지가 입을 것인 의(衣)와 먹을 것인 식(食), 그리고 살 곳인 주(住)를 합친 의식주(衣食住)이다. 그 가운데 살 곳인 주(住)와 관련하여 옛날부터 사람들은 자연(自然) 환경(環境)에 따라 여러 형태의 집을 짓고 살았다. 한자에는 원시적(原始的)인 형태의 집에서부터 웅장(雄壯)해 보이는 집까지 다양하게 나타나 있다.

다음에서는 건물(建物)이나 그 부속물(附屬物)과 관련되어 이뤄진 부수인 入(들 입)·宀(집 면)·广(집 엄)·戶(지게 호)·瓦(기와 와)·門(문 문)·高(높을 고) 자에 대해 살펴보기로 하겠다.

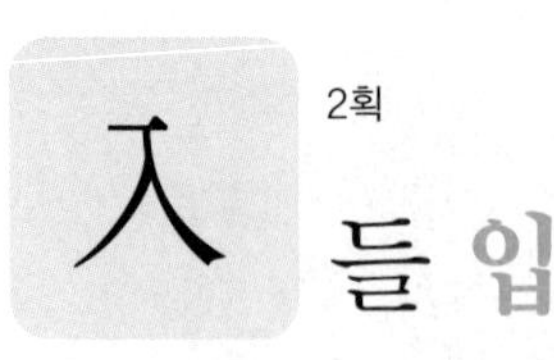

2획

入 들 입

갑골문	금 문	소 전	예 서
入	入	入	入

글자의 뿌리 사람이 사는 주거지의 입구를 본뜬 글자로 보인다.

뜻과 음 주거지의 입구는 수시로 사람이 들고 나는데, 入자는 그 가운데 사람이 들어간다는 상황과 관련하여 그 뜻이 '들다'가 된 것으로 보인다.

入자는 入口(입구)·入場(입장)·出入(출입)·輸入(수입)·新入生(신입생)·入山禁止(입산금지)의 말에서 보듯 그 음이 '입'이다.

入자는 그 뜻과 음을 합쳐 '들 입'이라 한다.

부수의 쓰임 入자 부수에 속하는 한자로는 內外(내외)의 內(안 내), 完全(완전)의 全(온전할 전), 兩立(양립)의 兩(두 량)자와 사람의 성씨(姓氏)로 사용되는 兪(점점 유)자가 있다.

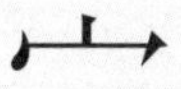

3획

집 면

갑골문	금 문	소 전	예 서

글자의 뿌리 지붕과 두 기둥이 있는 집을 표현한 글자이다.

뜻과 음 집을 나타냈기 때문에 宀자는 그 뜻이 '집'이 되었다. 宀자는 부수의 역할만 하는 글자로, 그 음이 '면'이다. 따라서 宀자는 그 뜻과 음을 합쳐 '집 면'이라 한다.

부수의 쓰임 宀자 부수에 속하는 家(집 가)·室(집 실)·宮(집 궁)·宅(집 택)·宇(집 우)·宙(집 주)자는 모두 '집'을 뜻한다. 나아가 그 부수에 속하는 한자는 흔히 집의 상태나 집과 관련되어 이뤄진 뜻을 지닌다. 다음은 그런 한자이다.

守 (지킬 수)	寢 (잠잘 침)	官 (벼슬 관)
安 (편안할 안)	寐 (잠잘 매)	宴 (잔치 연)
宗 (마루 종)	客 (손 객)	寓 (머무를 우)
定 (정할 정)	寄 (부칠 기)	宿 (묵을 숙)
寧 (편안할 녕)	富 (부유할 부)	寤 (깰 오)
寂 (고요할 적)	完 (완전할 완)	寮 (벼슬아치 료)

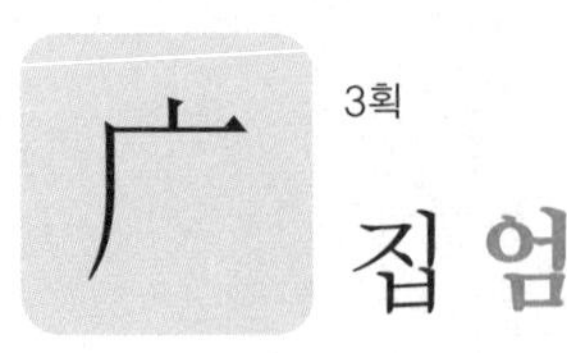

3획

广 집 엄

갑골문	금 문	소 전	예 서

❀글자의 뿌리 한 쪽에만 기둥이 있는 집을 표현한 글자이다.

❀뜻과 음 집을 나타낸 데서 广자는 그 뜻이 '집'이 되었다. 广자는 부수의 역할만 하는 글자로 그 음이 '엄'이다. 따라서 广자는 그 뜻과 음을 합쳐 '집 엄'이라 한다.

❀부수의 쓰임 广자를 부수로 삼는 한자는 흔히 작고 허름한 집과 관련된 뜻을 지닌다. 다음은 그 부수에 속하는 한자이다.

庇 (덮을 비)	座 (자리 좌)	廣 (넓을 광)
序 (차례 서)	庶 (여러 서)	廟 (사당 묘)
府 (곳집 부)	庵 (암자 암)	廠 (헛간 창)
底 (밑 저)	廊 (복도 랑)	廢 (폐할 폐)
店 (가게 점)	廓 (둘레 곽)	廬 (오두막집 려)
庫 (곳집 고)	廏 (마구간 구)	廳 (관청 청)
庭 (뜰 정)	廚 (부엌 주)	

4획

戶 지게 호

갑골문	금 문	소 전	예 서

❀글자의 뿌리 나무 기둥에 한 짝의 문이 달린 모양을 표현한 글자이다. 왼쪽에는 나무기둥을, 오른쪽에는 한짝의 문을 나타냈다.

❀뜻과 음 옛날에는 한 짝의 문을 '지게(지게문)'라 했다. 따라서 한 짝의 문에서 비롯된 戶자는 그 뜻이 '지게'가 되었다.
門戶(문호)·戶主(호주)·窓戶紙(창호지)·家家戶戶(가가호호)·戶口調査(호구조사)·戶曹判書(호조판서)의 말에서 보듯 戶자는 그 음이 '호'이다.
戶자는 그 뜻과 음을 합쳐 '지게 호'라 한다.

❀부수의 쓰임 戶자 부수에 속하는 한자는 일반적으로 문과 관련되어 이뤄진 뜻을 지닌다. 그러나 그런 한자는 그다지 많지 않다. 房(방 방)·扉(문짝 비)·戾(어그러질 려)·所(곳 소)·扁(넓적할 편)·扇(문짝 선)·扈(뒤따를 호)자 정도가 오늘날 비교적 자주 사용되고 있을 뿐이다.

瓦

5획

기와 와

갑골문	금 문	소 전	예 서
			瓦

❀글자의 뿌리 지붕에 잇닿아 놓여 있는 기와를 표현한 글자이다.

❀뜻과 음 기와와 관련된 瓦자는 그 뜻이 '기와' 이다.
瓦解(와해) · 瓦當(와당) · 青瓦臺(청와대) · 弄瓦之慶(농와지경)의 말에서 보듯 瓦자는 그 음이 '와' 이다.
瓦자는 그 뜻과 음을 합쳐 '기와 와' 라 한다.

❀부수의 쓰임 기와는 흙으로 빚어 구워 만든 토기(土器)이기 때문에 瓦자 부수에 속하는 한자는 흔히 토기와 관련된 뜻을 지닌다. 실제로 그 부수에 속하는 瓮(독 옹) · 瓷(오지그릇 자) · 甁(병 병) · 甄(질그릇 견) · 甑(시루 증) · 甕(독 옹)자는 모두 토기와 관련이 있다.

흙으로 만든 기타 집모습

門

8획

문 문

갑골문	금 문	소 전	예 서

❀글자의 뿌리 마주 선 기둥에 각기 한 짝씩 달려 있는 문을 표현한 글자이다.

❀뜻과 음 문을 나타냈기 때문에 門자는 그 뜻이 '문' 이 되었다. 大門(대문)·校門(교문)·守門將(수문장)·南大門(남대문)·門前成市(문전성시)·杜門不出(두문불출)의 말에서 보듯 門자는 그 음이 '문' 이다. 門자는 그 뜻과 음을 합쳐 '문 문' 이라 한다.

❀부수의 쓰임 門자 부수에 속하는 한자의 뜻은 대개 문의 종류나 상태와 관련이 있다. 다음은 그 부수에 속하는 한자를 둘로 나눈 것이다.

① 문의 종류와 관련된 한자

閘 (물문 갑) 閣 (문설주 각) 閨 (도장방 규)
閤 (쪽문 합) 閭 (이문 려) 閻 (이문 염)
闕 (대궐 궐)

② 문의 상태와 관련된 한자

閃 (번쩍일 섬) 閉 (닫을 폐) 間 (사이 간)
開 (열 개) 閑 (막을 한) 閱 (검열할 열)
闊 (넓을 활) 闡 (열 천) 闢 (열 벽)

10획

높을 고

갑골문	금 문	소 전	예 서

글자의 뿌리 높은 건물을 표현한 글자이다.

흙으로 빚은 집 모습

뜻과 음 높은 건물을 나타냈기 때문에 高자는 그 뜻이 '높다' 가 되었다.
高熱(고열) · 高溫(고온) · 高冷地(고냉지) · 高氣壓(고기압) · 高層建物(고층건물) · 高架道路(고가도로) · 高聲放歌(고성방가)의 말에서 보듯 高자는 그 음이 '고' 이다.
高자는 그 뜻과 음을 합쳐 '높을 고' 라 한다.

부수의 쓰임 高자는 부수의 역할을 거의 하지 않고, 주로 덧붙여지는 한자에서 음의 역할을 한다. 다음은 그런 한자이다.

稿 (볏짚 고)
膏 (기름 고)
槁 (마를 고)
藁 (볏짚 고)
敲 (두드릴 고)
縞 (명주 호)
毫 (잔 털 호)
豪 (호걸 호)
壕 (해자 호)
濠 (해자 호)
嚆 (울릴 효)

제9장 무기 관련 부수

사람이나 집단(集團)이 생존(生存)에 필요한 것을 두고 서로 대립(對立)하게 되면 어쩔 수 없이 갖은 수단(手段)을 써서 상대(相對)를 제압(制壓)해야 하는데, 그럴 경우에 적절히 사용되는 것이 무기이다. 결국 생존을 위해 다양한 형태의 무기가 만들어질 수밖에 없는데, 옛날에는 단지 적당한 무게와 날카로운 모서리가 있는 도구(道具)가 바로 무기로 사용되었다.

무기와 관련된 부수인 刀(칼 도)·匕(비수 비)·士(선비 사)·干(방패 간)·弋(주살 익)·弓(활 궁)·戈(창 과)·斤(도끼 근)·矛(창 모)·矢(화살 시)·至(이를 지)·車(수레 거)자에 대해 살펴보기로 하겠다.

刀 2획 칼 도 | 刂 선 칼도

갑골문	금 문	소 전	예 서

❀ 글자의 뿌리 칼을 표현한 글자이다. 위는 칼자루를, 아래는 칼등과 칼날을 나타냈다.

❀ 뜻과 음 칼 모양에서 비롯된 刀자는 그 뜻이 '칼' 이 되었다.
果刀(과도)·面刀(면도)·短刀(단도)·銀粧刀(은장도)·一刀兩斷(일도양단)의 말에서 보듯 刀자는 그 음이 '도' 이다.
刀자는 그 뜻과 음을 합쳐 '칼 도' 라 한다.
刀자가 다른 글자에 덧붙여질 때는 劍(칼 검)·剖(쪼갤 부)·割(나눌 할)자에서처럼 刂의 형태로도 쓰이는데, 이는 '선 칼도' 라 한다.

❀ 부수의 쓰임 刀(刂)자 부수에 속하는 한자는 대부분 칼로 베는 동작이나 칼을 사용하는 활동과 관련된 뜻을 지닌다. 다음은 그런 한자이다.

刃 (칼날 인)
分 (나눌 분)
切 (끊을 절)
刊 (책 펴낼 간)
列 (벌일 렬)
刎 (목 벨 문)
刑 (형벌 형)
別 (나눌 별)
利 (날카로울 리)
初 (처음 초)
判 (판가름할 판)

刻 (새길 각)
刮 (깎을 괄)
券 (문서 권)
刺 (찌를 자)
刷 (쓸 쇄)
制 (마를 제)
剋 (이길 극)
削 (깎을 삭)
剛 (굳셀 강)
剝 (벗길 박)
副 (버금 부)

剖 (쪼갤 부)
剪 (벨 전)
剩 (남을 잉)
創 (비롯할 창)
割 (나눌 할)
劃 (그을 획)
劍 (칼 검)
劇 (심할 극)
劑 (약 지을 제)

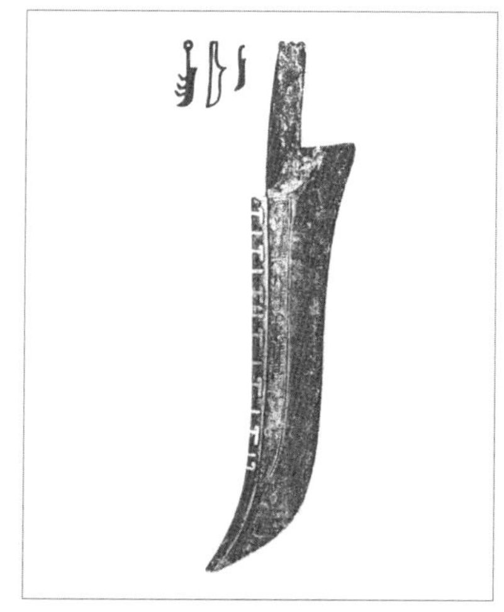

옛날의 칼 모습

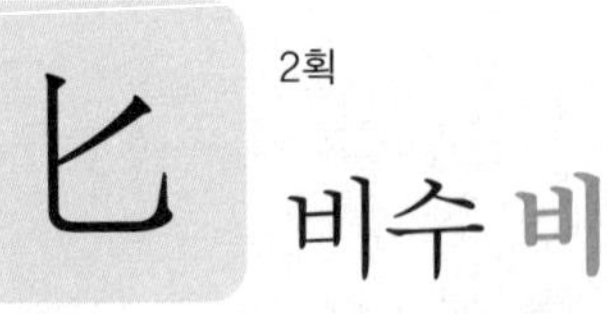

2획

匕 비수 비

갑골문	금 문	소 전	예 서

❀ 글자의 뿌리 刀(칼 도)자와 방향만 바뀐 모습의 칼을 표현한 글자로 보인다.

❀ 뜻과 음 칼과 관련되어 匕자는 그 뜻이 썩 잘 드는 작은 칼인 '비수'가 되었다. 匕자는 자신의 뜻인 匕首(비수)란 말에 쓰이는데, '비수'의 '비'가 바로 자신의 음이다.

匕자는 그 음과 뜻을 합쳐 '비수 비'라 한다.

❀ 부수의 쓰임 匕자 부수에 속하면서 자주 사용되는 한자로는 變化(변화)의 化(화할 화), 南北(남북)의 北(북녘 북), 匙箸(시저)의 匙(숟가락 시)자가 있다. 그러나 이들 한자는 匕자와 전혀 관계없이 그 뜻이 이뤄졌다.

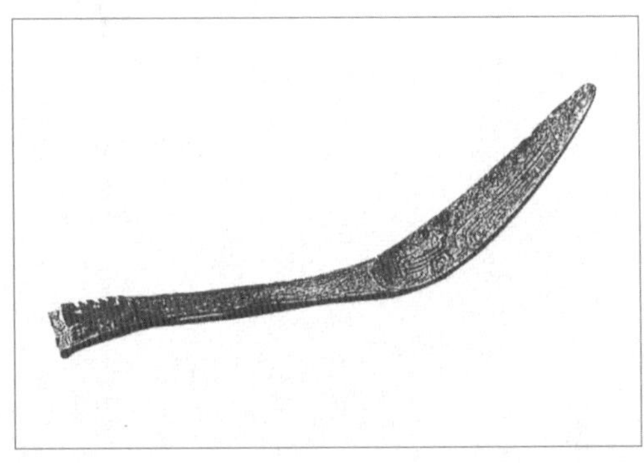

옛날의 비수 모습

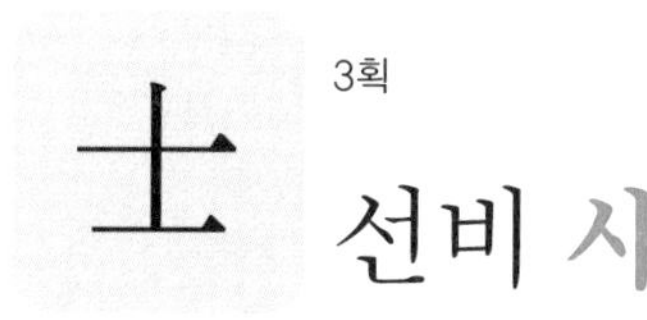

3획

士 선비 사

갑골문	금 문	소 전	예 서

글자의 뿌리 옛날에 권위(權威)를 드러내는 도구로 사용된 도끼를 표현한 글자이다.

뜻과 음 예전에 도끼는 죄인이나 포로에게 벌을 줄 때에 사용된 도구로, 신분이 높은 사람의 권위를 드러내는 물건이었다. 실제로 옛날 왕이 입었던 옷에도 도끼 무늬를 수놓았다. 따라서 도끼를 표현한 士자는 그 뜻이 신분이 높은 사람과 관련하여 '선비'가 되었다. 武士(무사)·勇士(용사)·戰士(전사)·軍士(군사)·士大夫(사대부)·士官學校(사관학교)라는 말에서 보듯 士자는 그 음을 '사'이다. 士자는 그 뜻과 음을 합쳐 '선비 사'라 한다.

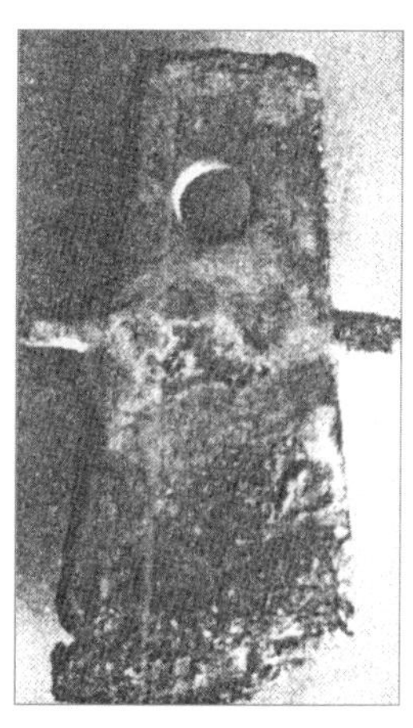

청동으로 만든 옛날 도끼

부수의 쓰임 士자 부수에 속하면서 자주 사용되는 한자로는 壬(아홉째 천간 임)·壯(씩씩할 장)·壻(사위 서)·壹(한 일)·壺(병 호)·壽(목숨 수)자 등이 있다.

干 3획 방패 간

갑골문	금 문	소 전	예 서

글자의 뿌리 끝에 갈라진 가지 있어 적을 해칠 수도 있는 모양의 방패를 표현한 글자이다.

뜻과 음 방패를 나타냈기 때문에 干자는 그 뜻이 '방패' 가 되었다.
干城(간성) · 干涉(간섭) · 干與(간여) · 干拓(간척) · 干滿(간만) · 干求(간구)의 말에서 보듯 干자는 그 음이 '간' 이다.
干자는 그 뜻과 음을 합쳐 '방패 간' 이라 한다.

부수의 쓰임 干자를 부수로 삼는 한자로는 平(평평할 평) · 年(해 년) · 幷(어우를 병) · 幸(다행 행) · 幹(줄기 간)자가 있다.
나아가 干자는 비교적 많은 한자에 덧붙여져 음의 역할을 하기도 한다. 다음은 그런 한자이다.

刊 (책 펴낼 간)
肝 (간 간)
奸 (범할 간)
竿 (장대 간)
杆 (나무 이름 간)
桿 (杆의 속자)
岸 (언덕 안)
汗 (땀 한)
旱 (가물 한)
罕 (그물 한)
軒 (추녀 헌)

弋 3획

주살 익

갑골문	금 문	소 전	예 서

글자의 뿌리 줄을 매달아 쏘는 화살을 표현한 글자이다. 옛날에는 줄이 매달린 화살을 쏘아 비교적 먼 거리에 있는 새와 같은 짐승을 잡았다. 줄이 짐승 몸에 얽히면 쉽게 잡을 수 있고, 화살도 잃지 않을 수 있기 때문이다.

뜻과 음 줄이 매달린 화살인 주살을 나타낸 데서 弋자는 그 뜻이 '주살'이 되었다. 弋자는 그 부수에 속하는 式(법 식)자에 덧붙여져 음의 역할을 한다. 그런데 新式(신식) · 形式(형식) · 卒業式(졸업식) · 結婚式(결혼식)에 쓰이는 式자는 그 음이 '식'인데 반해, 弋자는 그 음이 약간 다른 '익'이다.
따라서 弋자는 그 뜻과 음을 합쳐 '주살 익'이라 한다.

부수의 쓰임 弋자 부수에 속하는 한자로는 禮式(예식)의 式(법 식)자와 式자가 음의 역할을 하는 弑害(시해)의 弑(죽일 시)자가 있다.
弋자는 代(대신할 대) · 鳶(소리개 연) · 貳(두 이)자의 구성에 도움을 주기도 한다.

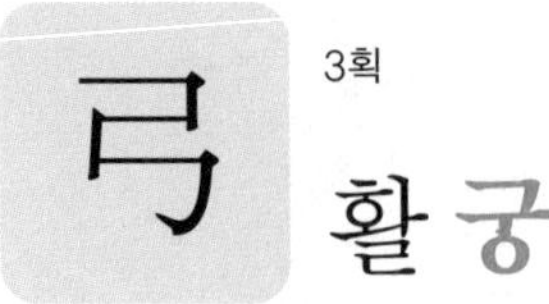

3획

弓 활 궁

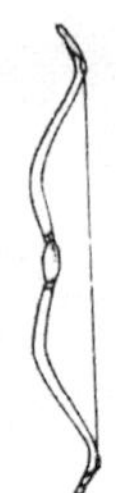

갑골문	금 문	소 전	예 서

글자의 뿌리 활을 표현한 글자이다. 시위가 매어져 있는 활과 시위가 없는 활 가운데 시위가 없는 활이 오늘날에 쓰이는 글자의 바탕이 되었다.

뜻과 음 활을 나타냈기 때문에 弓자는 그 뜻이 '활' 이 되었다.
弓手(궁수) · 弓術(궁술) · 洋弓(양궁) · 名弓(명궁) · 神弓(신궁) · 國弓(국궁)의 말에서 보듯 弓자는 그 음이 '궁' 이다.
弓자는 그 뜻과 음을 합쳐 '활 궁' 이라 한다.

부수의 쓰임 弓자 부수에 속하는 한자는 흔히 활 또는 화살을 쏘는 동작과 관련된 뜻을 지닌다. 다음은 그 부수에 속하는 한자이다.

强 (강할 강)
張 (베풀 장)
彎 (굽을 만)
弦 (시위 현)
彈 (탄알 탄)
引 (끌 인)
弘 (넓을 홍)
弛 (늦출 이)
弧 (활 호)
弱 (약할 약)

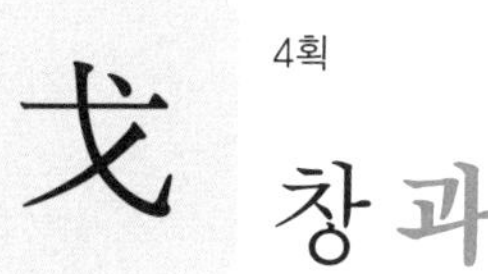

4획

창 과

갑골문	금 문	소 전	예 서

❀ 글자의 뿌리 가늘고 긴 자루에 달린 창을 표현한 글자이다.

❀ 뜻과 음 창을 나타낸 데서 戈자는 그 뜻이 '창'이 되었다.

戈자는 좀 어렵지만 干戈(간과)나 兵戈(병과)란 말에 사용되는데, 그 말에서 보듯 그 음이 '과' 이다.

戈자는 그 뜻과 음을 합쳐 '창 과' 라 한다.

창을 든 옛날사람 모습

❀ 부수의 쓰임 무기 혹은 무기를 사용하는 전쟁(戰爭)과 관련된 한자는 흔히 戈자를 한 부분으로 삼아 만들어진다. 그러나 戈자 부수에 속하는 한자는 반드시 전쟁과 관련된 뜻만 지니지 않는다. 다음은 그 부수에 속하는 한자이다.

戍 (지킬 수)	戚 (겨레 척)	或 (혹 혹)
戎 (병장기 융)	戊 (다섯째 천간 무)	截 (끊을 절)
戰 (싸움 전)	戌 (열한째 지지 술)	戮 (죽일 륙)
我 (나 아)	成 (이룰 성)	戲 (놀 희)

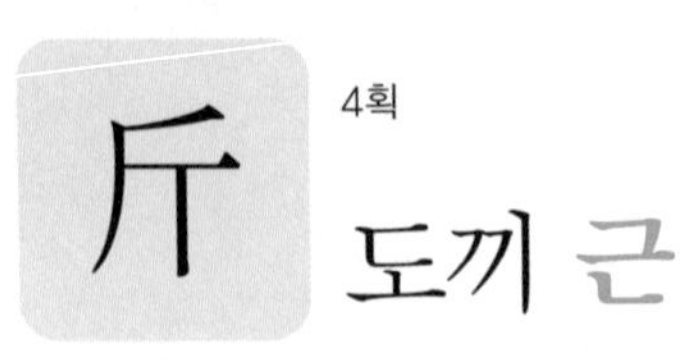

斤 4획 도끼 근

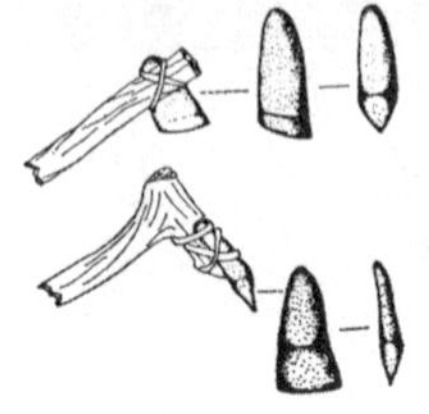

갑골문	금 문	소 전	예 서

글자의 뿌리 굽은 자루에 뾰족한 날이 달려 있는 도끼를 표현한 글자이다.

뜻과 음 도끼 모양에서 비롯된 斤자는 그 뜻이 '도끼'가 되었다. 도끼는 예부터 사람이 자주 사용한 도구로, 편리하게 사용할 수 있도록 적당한 무게를 지녀야 한다. 너무 무거우면 사용하기 어렵고, 너무 가벼우면 사용하는 데 효과가 없기 때문이다. 때문에 斤數(근수)나 千斤萬斤(천근만근)의 斤자는 무게의 단위와 관련이 있고, 그 말에서 보듯 그 음은 '근'이다.

斤자는 그 뜻과 음을 합쳐 '도끼 근'이라 한다.

부수의 쓰임 斤자 부수에 속하는 한자는 그 뜻이 주로 도끼를 이용한 동작과 관련이 있다. 斧(도끼 부)·斫(벨 작)·斬(벨 참)·斯(이 사)·新(새 신)·斷(끊을 단)자가 바로 그런 한자이다.

토기에 표현된 도끼

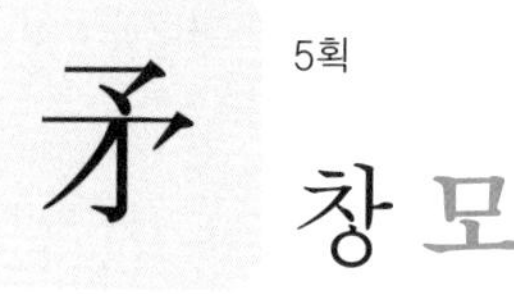

5획

矛 창 모

갑골문	금 문	소 전	예 서

글자의 뿌리 　긴 자루 위에 뾰족하고 날카로운 날이 달려 있는 창을 표현한 글자이다.

뜻과 음 　창을 나타냈기 때문에 矛자는 그 뜻이 '창'이 되었다.
矛자는 矛盾(모순)이란 말에서 보듯 그 음이 '모'이다.
矛자는 그 뜻과 음을 합쳐 '창 모'라 한다.

부수의 쓰임 　矛자 부수에 속하는 한자로는 矜持(긍지)의 矜(불쌍히 여길 긍/창자루 근)자 단 한 자만 비교적 자주 사용되고 있다.
아울러 矛자는 자신이 음의 역할을 하는 茅(띠 모)·務(일 무)·霧(안개 무)·柔(부드러울 유)·蹂(밟을 유)자 등에서 여전히 그 쓰임을 엿볼 수 있다.

5획

矢 화살 시

갑골문	금 문	소 전	예 서
			矢

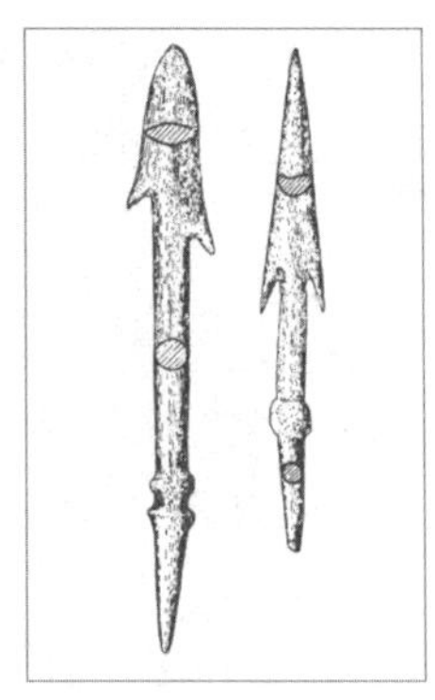
옛날의 화살

글자의 뿌리 화살을 표현한 글자이다. 오늘날 쓰이는 글자는 화살촉이 뾰족한 형태가 바탕이 되었다.

뜻과 음 화살을 나타냈기 때문에 矢자는 그 뜻이 '화살' 이 되었다.
矢자는 嚆矢(효시)·弓矢(궁시)·毒矢(독시)·流矢(유시)·刀折矢盡(도절시진)란 말에서 보듯 그 음이 '시' 이다.
矢자는 그 뜻과 음을 합쳐 '화살 시' 라 한다.

부수의 쓰임 矢자를 부수로 삼는 한자에는 矣(어조사 의)·知(알 지)·矯(바로잡을 교)·短(짧을 단)·矮(키 작을 왜)·矩(곱자 구)자 정도가 비교적 자주 사용되고 있다. 그 가운데 知자는 矢자가 음의 역할을 하기도 하는데, 智(슬기 지)·痴(어리석을 치)·疾(병 질)·嫉(시기할 질)·雉(꿩 치)자도 역시 矢자가 음의 역할을 한다.

至 6획 이를 지

갑골문	금 문	소 전	예 서
[illegible]	[illegible]	[illegible]	至

글자의 뿌리 화살이 땅에 이르러 꽂힌 모습을 표현한 글자이다. 위는 촉이 아래를 향하고 있는 화살을, 맨 아래는 땅을 나타냈다.

뜻과 음 화살이 땅에 이른 상황과 관련하여 至자는 그 뜻이 '이르다' 가 되었다. 至極(지극)·至毒(지독)·乃至(내지)·冬至(동지)·甚至於(심지어)·自初至終(자초지종)의 말에서 보듯 至자는 그 음이 '지' 이다. 至자는 그 뜻과 음을 합쳐 '이를 지' 라 한다.

부수의 쓰임 至자를 부수로 삼으면서 흔히 사용되는 한자로는 一致(일치)의 致(이를 치)자와 燈臺(등대)의 臺(돈대 대)자 정도가 있다. 至자는 비교적 많은 한자에 덧붙여져 음의 역할을 하기도 한다. 窒息(질식)의 窒(막을 질), 姪女(질녀)의 姪(조카 질), 桎梏(질곡)의 桎(차꼬 질), 敎室(교실)의 室(집 실)자가 바로 그런 한자이다.

화살이 땅에 꽂힌 모습

車

7획

수례 거(차)

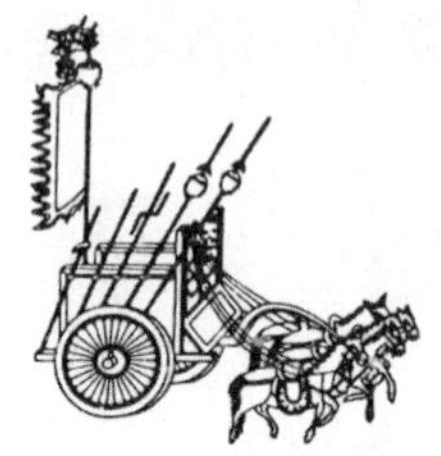

갑골문	금 문	소 전	예 서

글자의 뿌리 수례를 표현한 글자이다. 수례에서 가장 중요한 부분인 바퀴를 중심으로 나타내었다.

뜻과 음 수례에서 비롯되었기 때문에 車자는 그 뜻이 '수례'가 되었다. 車자는 人力車(인력거)나 自轉車(자전거)에서처럼 그 음을 '거'로도 읽고, 自動車(자동차)나 消防車(소방차)에서처럼 '차'로도 읽는다. 일반적으로 사람의 힘을 이용한 수례는 '거'로, 기계의 힘을 이용한 수례는 '차'로 읽는다.

車자는 그 뜻과 음을 합쳐 '수례 거' 또는 '수례 차'라 한다.

부수의 쓰임 車자 부수에 속하는 한자는 일반적으로 수례와 관련이 있는 뜻을 지닌다. 이를 그 뜻의 쓰임에 따라 크게 나누어 보면 다음 두 유형이 있다.

① 수레나 그 부속물과 관련이 있는 한자

轎 (가마 교) 輿 (수레 여) 輪 (바퀴 륜)
輛 (수레 량) 軸 (굴대 축) 輻 (바퀴살 복(폭))
輔 (덧방나무 보) 軒 (추녀 헌) 轄 (비녀장 할)

② 수레와 관련된 사물이나 그 활동을 나타낸 한자

軋 (삐걱거릴 알) 載 (실을 재) 轉 (구를 전)
輓 (끌 만) 輾 (구를 전) 輸 (나를 수)
轍 (바퀴자국 철) 轟 (울릴 굉) 轢 (삐걱거릴 력)
輕 (가벼울 경) 軟 (연할 연) 輳 (모일 주)
輯 (모을 집)

아울러 軍隊(군대)의 軍(군사 군)자도 車자 부수에 속하는데, 軍자는 옛날 수레가 군대에서 전차(戰車)로 사용되었음을 짐작하게 해준다. 그처럼 車자가 덧붙여지는 背水陣(배수진)의 陣(진칠 진)자나 泣斬馬謖(읍참마속)의 斬(벨 참)자, 또는 장기판(將棋板)의 말 가운데 하나인 車로도 수레가 군대에서 전차로 사용되었음을 알게 해 준다.

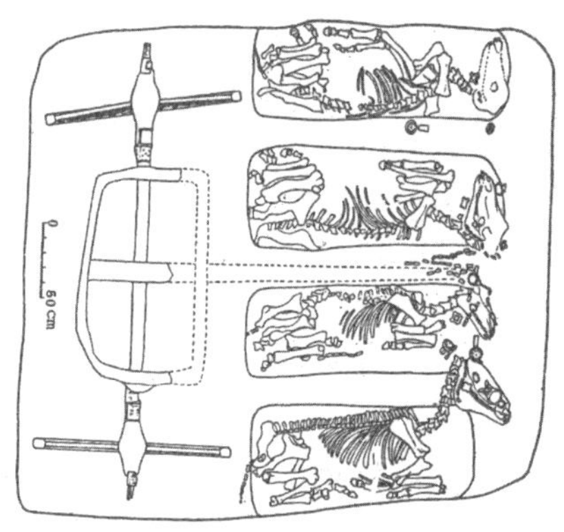

옛날의 수레

제 10 장 그릇 관련 부수

사람은 오랜 옛날부터 그릇을 만들어 사용했다. 맨 먼저 만들어진 그릇은 물을 담기 위해서였으나 후에 불을 다룰 줄 알게 되면서 그 불에 익힌 음식(飮食)이 맛있음을 알아 주위에서 흔히 구할 수 있는 흙을 이용해 그릇을 만들었다. 아울러 다양한 요리(料理) 방법이 사용되면서 그에 맞는 그릇을 만들기도 했다.

다음에서 그릇과 관련된 부수인 皿(그릇 명)·缶(장군 부)·血(피 혈)·豆(콩 두)·酉(닭 유)·食(밥 식)·鬯(울창주 창)·鬲(오지병 격)·鼎(솥 정)자에 대해 살펴보기로 하겠다.

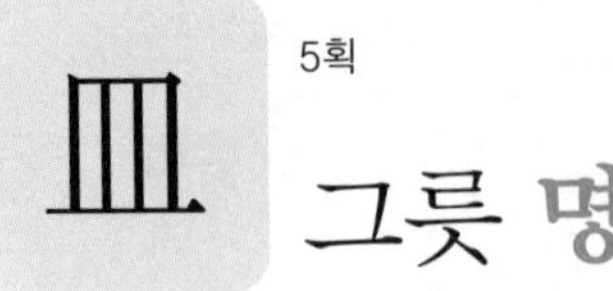

5획

그릇 명

갑골문	금 문	소 전	예 서

❀글자의 뿌리 바닥이 낮고 둥근 발이 달려 있는 그릇을 표현한 글자이다.

❀뜻과 음 그릇에서 비롯되었기 때문에 皿자는 그 뜻이 '그릇' 이 되었다. 皿자는 그릇을 의미하는 器皿(기명)이란 말에서 보듯 그 음이 '명' 이다.

皿자는 그 뜻과 음을 합쳐 '그릇 명' 이라 한다.

❀부수의 쓰임 皿자를 부수로 삼는 한자는 일반적으로 음식물을 담기 위해 사용된 둥그런 입이 있는 그릇이나 잔 종류의 생활 용기(容器)와 관련된 뜻을 지닌다. 다음은 바로 그런 한자이다.

盃 (잔 배)
盤 (소반 반)
盞 (잔 잔)
盒 (합 합)
盆 (동이 분)
盂 (바리 우)
盧 (밥그릇 로)

아울러 盖(덮을 개) · 盈(찰 영) · 益(더할 익) · 盜(훔칠 도) · 盛(담을 성) · 盟(맹서할 맹) · 監(볼 감) · 盡(다될 진)자 역시 그 부수에 속하는 한자로 그릇과 관련되어 이뤄진 뜻을 지닌다.

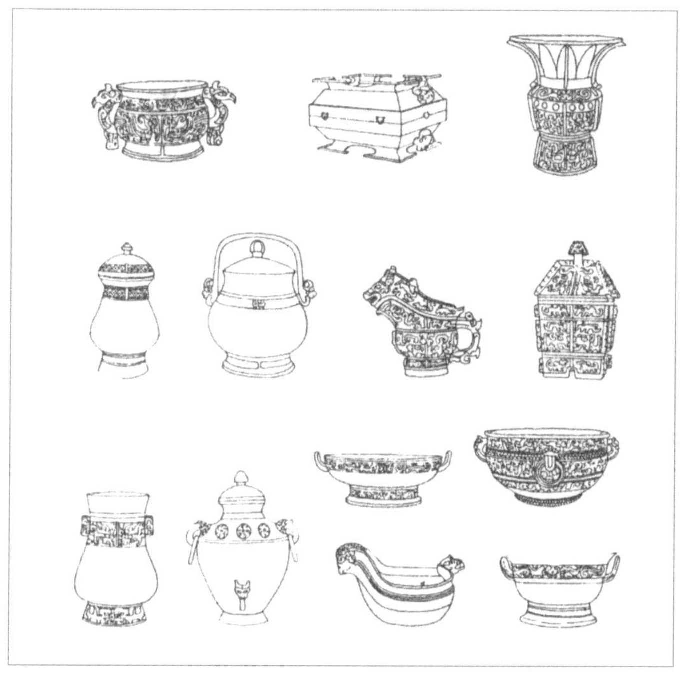

다양한 형태의 그릇

缶 6획 장군 부

갑골문	금 문	소 전	예 서

글자의 뿌리 방망이를 이용해 단순한 형태의 장군 그릇이 만들어지는 모습을 표현한 글자이다.

뜻과 음 장군 그릇과 관련되어 있기 때문에 缶자는 그 뜻이 '장군'이 되었다. '장군'은 주로 술이나 간장 따위를 담아 옮길 때 사용되는 그릇인데, 오늘날에는 똥장군이나 오줌장군처럼 천한 데 사용되고 있다.

缶자는 주로 부수의 역할을 하는 글자로, 그 음이 '부'이다.

따라서 缶자는 그 뜻과 음을 합쳐 '장군 부'라 한다.

부수의 쓰임 缶자 부수에 속하는 한자는 일반적으로 도기(陶器)와 관련된 뜻을 지닌다. 魚缸(어항)의 缸(항아리 항), 尿鋼(요강)의 鋼(항아리 강), 汽罐(기관)의 罐(두레박 관)자가 바로 그런 한자이다. 그 외에 그 본래의 뜻이 '그릇이 깨지다'에서 비롯된 缺(이지러질 결)자와 謠(노래 요)·搖(흔들 요)·遙(멀 요)·瑤(아름다운 옥 요)자에서 음의 역할을 하는 䍃(항아리 요〔유〕)자도 그 부수에 속한다.

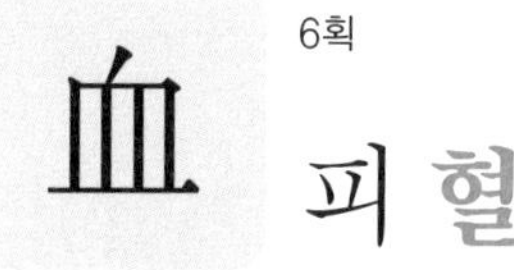

6획

피 혈

갑골문	금 문	소 전	예 서

글자의 뿌리 그릇(皿)에 희생물(犧牲物)의 피가 담긴 모습을 표현한 글자이다. 구체적인 형태가 없는 피를 나타내기 위해 옛날 사람들이 희생물을 잡아 제사(祭祀) 지낼 때 보았던 상황에서 비롯된 것이다.

뜻과 음 그릇에 피가 담긴 모습을 나타냈기 때문에 血자는 그 뜻이 '피' 가 되었다.

血液(혈액) · 血書(혈서) · 獻血(헌혈) · 止血(지혈) · 吸血鬼(흡혈귀) · 鳥足之血(조족지혈) · 冷血動物(냉혈동물)의 말에서 보듯 血자는 그 음이 '혈' 이다.

血자는 그 뜻과 음을 합쳐 '피 혈' 이라 한다.

부수의 쓰임 血자를 부수로 삼는 한자에는 群衆(군중)의 衆(무리 중)자 단 하나만 비교적 자주 사용되고 있다. 그러나 衆자에 보이는 血의 형태는 옛날에 쓰였던 글자로 살펴보면 태양을 나타낸 것이었다. 血자가 덧붙여지는 한자 역시 患難相恤(환난상휼)의 恤(구휼할 휼)자 단 하나만 가끔 사용되고 있다.

7획

豆 콩 두

갑골문	금 문	소 전	예 서

글자의 뿌리 제사(祭祀)를 지낼 때에 사용된 굽 높은 그릇을 표현한 글자이다.

뜻과 음 제사에 사용된 그릇을 나타냈기 때문에 豆자는 '제기 그릇'을 뜻하나 오늘날 '콩'의 뜻으로 더 자주 빌려 사용되고 있다. 이는 옛날에 어떤 뜻을 지닌 말은 있으나 이를 나타내는 글자가 미처 만들어져 있지 않아 음(音)이 같은 다른 글자를 빌려 사용했기 때문이다.

豆자는 綠豆(녹두)·豌豆(완두)·豆乳(두유)·豆腐(두부)·軟豆色(연두색)·種豆得豆(종두득두)의 말에서 보듯 그 음이 '두'이다.

豆자는 그 뜻과 음을 합쳐 '콩 두'라 한다.

부수의 쓰임 豆자 부수에 속하면서 비교적 자주 사용되는 한자로는 豎立(수립)의 豎(더벅머리 수), 豌豆(완두)의 豌(완두 완), 豐年(풍년)의 豐(풍년 풍)자가 있다. 豆자는 頭(머리 두)자나 痘(천연두 두)자에서 음의 역할을 하기도 한다.

酉 7획

닭 유

갑골문	금 문	소 전	예 서

글자의 뿌리 배가 불룩하고 입이 좁은 술 담는 그릇을 표현한 글자이다.

뜻과 음 술 담는 그릇에서 비롯된 酉자는 그 뜻이 '술'과 관련이 있으나 후대로 내려오면서 간지(干支) 가운데 열째 지지(地支)로 빌려 쓰이게 되면서 '닭'의 뜻을 지니게 되었다. 열째 지지가 상징하는 동물이 '닭'이기 때문이다.

酉자는 丁酉再亂(정유재란)이란 말에서 보듯 그 음이 '유'이다.

酉자는 그 뜻과 음을 합쳐 '닭 유'라 한다.

부수의 쓰임 酉자를 부수로 삼는 한자는 대부분 그 뜻이 술이나 술처럼 발효(醱酵)시킨 물질, 또는 술을 다루는 사람과 관련이 있다. 그런 한자를 일률적으로 살펴보면 다음과 같다.

酊 (술 취할 정)	酵 (술밑 효)	釀 (빚을 양)
酌 (따를 작)	醉 (취할 취)	酋 (두목 추)
酒 (술 주)	醒 (깰 성)	配 (짝 배)
酬 (갚을 수)	醜 (추할 추)	酪 (진한 유즙 락)
酸 (초 산)	醫 (의원 의)	酲 (숙취 정)
酷 (독할 혹)	醬 (젓갈 장)	醱 (술 괼 발)

9획

밥 식

갑골문	금 문	소 전	예 서

글자의 뿌리 뚜껑이 덮여 있는 둥그런 그릇에 담긴 밥을 표현한 글자이다.

뜻과 음 그릇에 담긴 밥을 나타낸 데서 食자는 그 뜻이 '밥'이 되었다. 食堂(식당)·食事(식사)·間食(간식)·給食(급식)·衣食住(의식주)·美食家(미식가)·草食動物(초식동물)의 말에서 보듯 食자는 그 음이 '식'이다. 食자는 그 뜻과 음을 합쳐 '밥 식'이라 한다.
나아가 食자는 簞食瓢飮(단사표음)이란 말에서 보듯 '밥'을 뜻하면서 '사'의 음으로 읽힐 때가 있기 때문에 그 뜻과 음을 합쳐 '밥 사'라 하기도 한다.

부수의 쓰임 食자 부수에 속하는 한자는 주로 음식물이나 음식물을 먹는 행위와 관련된 뜻을 지닌다. 다음은 그런 한자이다.

① 음식물의 명칭과 관련된 한자

飯 (밥 반) 饅 (만두 만) 餅 (떡 병)
餌 (먹이 이) 饌 (반찬 찬)

② 음식물을 먹는 행위와 관련된 한자

飼 (먹일 사) 飢 (주릴 기) 餓 (주릴 아)
飽 (배부를 포) 養 (기를 양) 饒 (넉넉할 요)
饗 (잔치할 향) 饑 (주릴 기) 餘 (남을 여)

울창주 창

갑골문	금 문	소 전	예 서

글자의 뿌리 향료 식물인 울금향(鬱金香 : 유럽 원산의 백합과 다년초=튜울립)으로 빚은 울창주가 술그릇에 담겨 있는 모양을 표현한 글자로 보인다. 점(點)이 바로 울금향을, 점 외에 부분은 술그릇을 나타낸 것으로 여겨진다.

뜻과 음 제천의식(祭天儀式)을 중요시한 옛날 사람들은 향료를 쓰면 술맛이 좋게 된다는 사실을 알고 주위에서 흔히 볼 수 있는 향료 식물로 술을 빚었다. 鬯자는 바로 그 향료 식물로 빚은 울창주와 관련하여 그 뜻이 '울창주'가 되었다. 鬯자는 어휘로 쓰임이 없기 때문에 그 음을 쉽게 살펴볼 수 없는데, '창'의 음으로 읽히는 글자이다. 鬯자는 그 뜻과 음을 합쳐 '울창주 창'이라 한다.

울금향(튜울립)

부수의 쓰임 鬯자를 부수로 삼으며 비교적 자주 사용되는 한자로는 鬱蒼(울창)이나 憂鬱(우울)이란 말에 보이는 鬱(막힐 울)자 하나뿐이다.

鬲 10획 오지병 격

갑골문	금 문	소 전	예 서

❀글자의 뿌리 음식을 익히는 질그릇을 표현한 글자이다. 흔히 붉은 진흙으로 만들어 볕에 말리거나 약간 구운 다음 잿물을 입혀 다시 구워 만들었다.

❀뜻과 음 잿물을 입혀 구워 만든 질그릇을 오지병이라 하기 때문에 鬲자는 그 뜻이 '오지병'이 되었다. 鬲자는 隔(막을 격)자나 膈(흉격 격)자에 덧붙여져 음의 역할을 하는데, 間隔(간격)의 隔(격)자나 膈膜(격막)의 膈(격)자처럼 鬲자도 그 음이 '격'이다. 鬲자는 그 뜻과 음을 합쳐 '오지병 격'이라 한다.

❀부수의 쓰임 鬲자 부수에 속하는 한자로는 鬻(죽 죽)자 하나 정도만 비교적 자주 사용되고 있다. 그 외에 獻(바칠 헌)자에서 음의 역할을 하는 鬳(시루 권)자도 그 부수에 속한다.
아울러 鬲자는 자신이 음의 역할을 하는 隔(막을 격)자나 膈(흉격 격)자에서 여전히 그 쓰임을 엿볼 수 있다.

옛날의 오지병

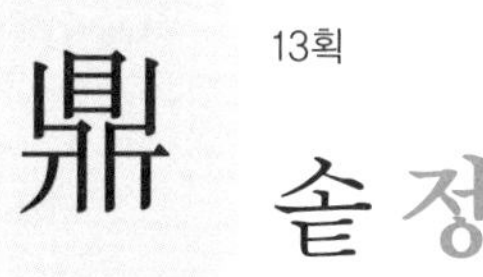

13획

솥 정

갑골문	금 문	소 전	예 서

글자의 뿌리 솥을 표현한 글자이다. 동(銅)이나 사기(砂器)로 만들어 색깔이 휘황찬란하며 진열시 위용(威容)을 더해 주는 솥을 나타냈다.

뜻과 음 솥의 모습에서 비롯된 鼎자는 그 뜻이 '솥' 이 되었다.
鼎자는 鼎立(정립)·鼎談(정담)·鐘鼎文(종정문)·鼎足之勢(정족지세)의 말에서 보듯 그 음이 '정' 이다.
鼎자는 그 뜻과 음을 합쳐 '솥 정' 이라 한다.

부수의 쓰임 鼎자 부수에 속하면서 오늘날 자주 사용되는 한자는 찾아볼 수 없다. 鼎자가 덧붙여져 음의 역할을 하는 한자로는 鼑(곧을 정)자가 있는데, 鼑자는 오늘날 貞자로 간략하게 바뀌어 쓰이고 있다.

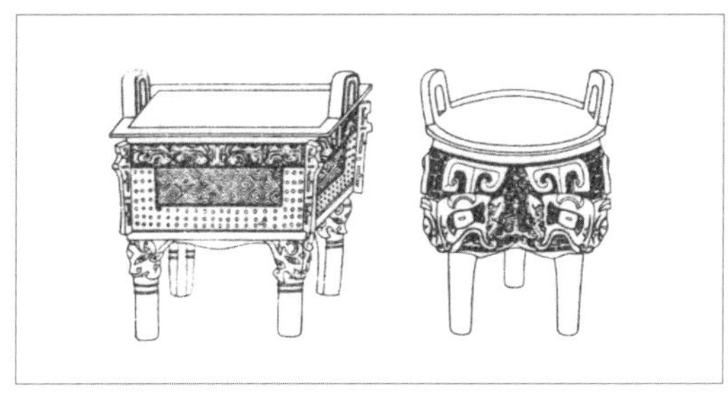

청동으로 빚은 솥

제 11 장 기물 관련 부수

사람이 다른 동물과 구별되는 점은 기물을 만들어 사용한다는 것이다. 옛날부터 사람들은 생활의 편의를 위해 부단히 기물을 만들어 사용했다. 기물은 사람들로 하여금 육체적인 한계를 뛰어 넘게 해주었으며, 생활의 향상을 가져다 주었다. 생활의 향상은 다시 기물의 개량이나 또 다른 기물을 만들도록 하였다.

다음에서는 기물과 관련되어 이뤄진 부수인 力(힘 력)·工(장인 공)·己(몸 기)·巾(수건 건)·斗(말 두)·方(모 방)·爻(점괘 효)·玄(검을 현)·玉(구슬 옥)·用(쓸 용)·石(돌 석)·示(보일 시)·臼(절구 구)·舟(배 주)·衣(옷 의)·辛(매울 신)·辰(별 진)·金(쇠 금)·鹵(소금밭 로)·黃(누를 황)·鼓(북 고)·冖(덮을 멱)·几(안석 궤)·匚(상자 방)·卜(점 복)·幺(작을 요)·糸(실 사)·网(그물 망)·耒(쟁기 뢰)·襾(덮을 아)·黹(바느질할 치)·龠(피리 약)자에 대해 살펴보기로 하겠다.

力 2획

힘 력

갑골문	금 문	소 전	예 서

글자의 뿌리 땅을 파는 원시적인 형태의 쟁기를 표현한 글자이다.

뜻과 음 쟁기 모양에서 비롯된 力자는 쟁기를 사용하는 데 많은 힘이 필요하기 때문에 결국 그 뜻이 '힘' 이 되었다.

力자는 體力(체력) · 國力(국력) · 水力(수력) · 人力車(인력거) · 原子力(원자력) · 萬有引力(만유인력)의 말에서 보듯 그 음이 '력' 이다.

力자는 그 뜻과 음을 합쳐 '힘 력' 이라 한다.

아울러 力道(역도) · 力走(역주) · 力作(역작) · 力不足(역부족)의 말에서 보듯 力자가 말의 맨 앞에 쓰일 때는 그 음이 '역' 으로도 읽힌다.

부수의 쓰임 力자를 부수로 삼는 한자는 대부분 무엇인가 힘들여 행한다는 뜻과 관련이 있다. 다음은 그런 한자이다.

加 (더할 가)
功 (공 공)
劣 (못할 렬)
努 (힘쓸 노)
助 (도울 조)
劾 (캐물을 핵)
勉 (힘쓸 면)
勃 (우쩍 일어날 발)
勇 (날랠 용)
勅 (조서 칙)
動 (움직일 동)
務 (일 무)
勞 (일할 로)
勝 (이길 승)
勤 (부지런할 근)
募 (모을 모)
勢 (기세 세)
勳 (공 훈)
勵 (힘쓸 려)
勸 (권할 권)

쟁기질하는 사람 모습

工 장인 공

3획

갑골문	금 문	소 전	예 서

글자의 뿌리 장인이 사용하는 물건을 표현한 글자이다. 직선이나 직각을 긋는 도구인 곡척(曲尺)을 나타냈다 하기도 하고, 도끼를 나타냈다 하기도 한다. 그 외에 악기(樂器)나 수준기(水準器)를 나타냈다 하기도 한다.

뜻과 음 장인과 관련된 물건을 본뜬 工자는 그 뜻이 '장인'이 되었다. 女工(여공)·石工(석공)·工場(공장)·工事(공사)·技能工(기능공)·人工衛星(인공위성)이란 말에서 보듯 工자는 그 음이 '공'이다. 工자는 그 뜻과 음을 합쳐 '장인 공'이라 한다.

부수의 쓰임 工자 부수에 속하는 한자는 巨(클 거)·巧(공교할 교)·左(왼 좌)·巫(무당 무)·差(어긋날 차)자 등으로 많지 않다.
그러나 工자가 음의 역할을 하는 한자는 적지 않은데, 그런 한자를 음에 따라 구분하면 다음과 같다.

① '공'의 음으로 읽히는 한자

功 (공 공)　　空 (빌 공)　　攻 (칠 공)
貢 (바칠 공)　　恐 (두려울 공)　　控 (당길 공)
鞏 (묶을 공)　　箜 (공후 공)

② '강'의 음으로 읽히는 한자

江 (강 강)　　腔 (빈 속 강)

③ '홍'의 음으로 읽히는 한자

紅 (붉을 홍)　　鴻 (큰기러기 홍)　　訌 (무너질 홍)
虹 (무지개 홍)

④ '항'의 음으로 읽히는 한자

項 (목 항)　　肛 (똥구멍 항)　　缸 (항아리 항)

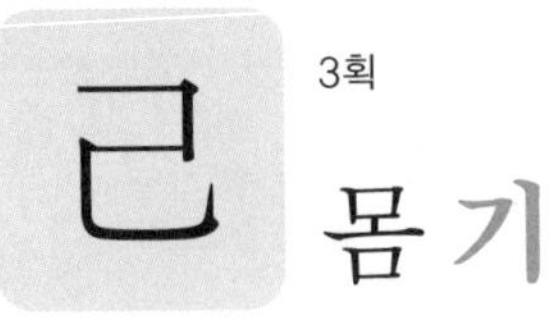

3획

己 몸 기

갑골문	금 문	소 전	예 서

글자의 뿌리 분명하지 않지만 실이나 줄을 표현한 글자로 보인다.

뜻과 음 실이나 줄을 나타냈다 여겨지는 己자는 옛날 사람들이 공손히 몸을 굽히고 있는 사람 모습을 나타낸 글자로 본 데서 그 뜻이 '몸' 이 되었다.

己자는 自己(자기)·克己訓鍊(극기훈련)·十年知己(십년지기)·知彼知己(지피지기)·利己主義者(이기주의자)란 말에서 보듯 그 음이 '기' 이다. 己자는 그 뜻과 음을 합쳐 '몸 기' 라 한다.

부수의 쓰임 己자를 부수로 삼는 한자에는 巳(여섯째 지지 사)·已(이미 이)·巴(땅 이름 파)·巷(거리 항)자가 있다.

己자는 記(기록할 기)·起(일어날 기)·紀(벼리 기)·忌(꺼릴 기)·杞(나무 이름 기)·改(고칠 개)·妃(왕비 비)·配(짝 배)자에 덧붙여져 음의 역할을 하기도 한다.

실이 걸쳐진 베틀 모습

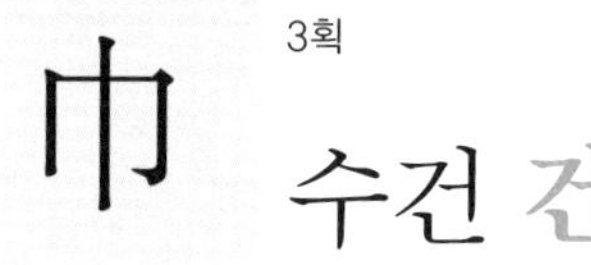

3획

巾 수건 건

갑골문	금 문	소 전	예 서

글자의 뿌리 아래로 늘어진 수건을 표현한 글자이다.

뜻과 음 옛날 사람들은 옷고름이나 허리띠에 찬 수건으로 물건을 닦거나 싸는 데 사용했고, 손으로 음식을 먹은 후에 닦는 데도 사용했다. 바로 그 수건에서 비롯된 巾자는 그 뜻이 '수건'이 되었다.

手巾(수건)·頭巾(두건)·網巾(망건)·黃巾賊(황건적)·紅巾賊(홍건적)이란 말에서 보듯 巾자는 그 음이 '건'이다.

巾자는 그 뜻과 음을 합쳐 '수건 건'이라 한다.

부수의 쓰임 수건은 방직물(紡織物) 가운데 가장 많이 쓰이는 물건이다. 따라서 베나 천과 같은 방직물과 관련된 뜻을 지닌 한자는 흔히 巾자가 덧붙여진다. 다음은 그 부수에 속하는 한자이다.

布 (베 포)
帛 (비단 백)
幣 (비단 폐)
帆 (돛 범)
幕 (막 막)
希 (바랄 희)
帙 (책갑 질)
帖 (표제 첩)
帥 (장수 수)
師 (스승 사)
席 (자리 석)
帶 (띠 대)
常 (항상 상)
帳 (휘장 장)
帽 (모자 모)
幀 (그림 족자 정)
幅 (폭 폭)
幢 (기 당)
幟 (기 치)
幫 (도울 방)

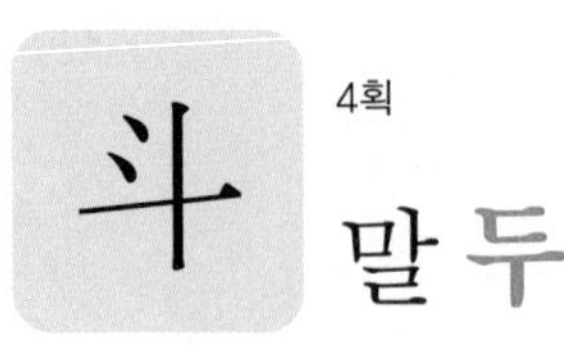

4획

斗 말 두

갑골문	금 문	소 전	예 서

글자의 뿌리 곡식의 양(量)을 재는 데 사용하는 긴 자루가 달린 국자와 같은 형태의 용기(容器)를 표현한 글자이다.

뜻과 음 용량(容量)을 재는 기구를 나타낸 斗자는 용량을 재는 기구나 단위와 관련하여 그 뜻이 '말' 이 되었다. 말은 되의 열 곱절에 해당하는 분량(分量)이다.

斗자는 斗落(두락) · 泰斗(태두) · 北斗七星(북두칠성) · 斗酒不辭(두주불사) · 一間斗屋(일간두옥) · 車載斗量(거재두량)의 말에서 보듯 그 음이 '두' 이다.

斗자는 그 뜻과 음을 합쳐 '말 두' 라 한다.

부수의 쓰임 斗자를 부수로 삼는 한자는 흔히 용량을 재는 기구를 이용한 동작과 관련된 뜻을 지닌다. 料量(요량)의 料(되질할 료), 傾斜(경사)의 斜(기울 사), 斟酌(짐작)의 斟(술 따를 짐〔침〕), 斡旋(알선)의 斡(관리할 알)자가 그 부수에 속하면서 비교적 자주 사용되고 있다.

4획

方 모 방

갑골문	금 문	소 전	예 서

글자의 뿌리 끝 부분이 두 개의 날로 갈라져 있는 쟁기를 표현한 글자이다.

뜻과 음 쟁기를 나타낸 方자는 쟁기에서 땅을 파는 부분이 모가 져 있다하여 그 뜻이 '모'가 되었다. 쟁기에서 가장 중요한 곳은 모가 진 부분이기 때문이다.

方자는 方席(방석)·方舟(방주)·立方體(입방체)·品行方正(품행방정)·天圓地方(천원지방)의 말에서 보듯 그 음이 '방'이다.

方자는 그 뜻과 음을 합쳐 '모 방'이라 한다.

부수의 쓰임 方자 부수에 속하는 거의 모든 한자는 쟁기와 관련이 없고, 깃발과 관련되어 이뤄진 뜻을 지닌다. 이는 깃대에 깃발이 흩날리는 모양을 표현한 㫃(깃발 언–아래 자형 참고)자가 方자 부수에 포함되어 있기 때문이다. 旗(기 기)·族(겨레 족)·施(베풀 시)·旅(군사 려)·旋(돌릴 선)·旌(기 정)·旒(깃발 류)자가 바로 그런 한자이다. 方자는 주로 덧붙여진 한자에서 음의 역할을 한다. 다음은 그런 한자이다.

房 (방 방)
防 (막을 방)
訪 (찾을 방)
放 (놓을 방)
倣 (본뜰 방)
妨 (해로울 방)
芳 (꽃다울 방)
旁 (두루 방)
傍 (곁 방)
紡 (자을 방)
肪 (기름 방)
榜 (매 방)
謗 (헐뜯을 방)
膀 (오줌통 방)
髣 (비슷할 방)
彷 (거닐 방)
坊 (동네 방)
枋 (다목 방)

참고로 㫃(깃발 언)자의 옛날 자형(字形)을 살펴보면 다음과 같다.

갑골문	금 문	소 전	예 서

쟁기질하는 사람 모습

4획

점괘 효

갑골문	금 문	소 전	예 서

❀ 글자의 뿌리 교차(交叉)된 무늬를 표현한 글자이다.

❀ 뜻과 음 교차된 무늬 모양이 길흉(吉凶)을 알아보기 위해 산가지로 점(占)을 칠 때에 보이는 점괘(占卦) 모양과 비슷함을 들어 爻자는 그 뜻이 '점괘'가 되었다.

爻자는 數爻(수효)나 卦爻(괘효)란 말에서 보듯 그 음이 '효'이다.

爻자는 그 뜻과 음을 합쳐 '점괘 효'라 한다.

❀ 부수의 쓰임 爻자 부수에 속하는 한자로는 爽快(상쾌)의 爽(시원할 상)자와 爾來(이래)의 爾(너 이)자가 있다. 그 외에 爻자는 反駁(반박)의 駁(얼룩말 박)자와 學校(학교)의 學(배울 학)자, 그리고 白礬(백반)의 礬(명반 반)자와 登攀(등반)의 攀(더위잡을 반)자에서 음의 역할을 하는 樊(울 번)자의 구성에 도움을 주고 있다.

산가지와 산통

5획

검을 현

갑골문	금 문	소 전	예 서

❀글자의 뿌리 타래 진 가늘고 작은 실이 끊어진 모습을 표현한 글자로 보인다.

❀뜻과 음 타래 진 실이 끊어진 모습에서 비롯된 玄자는 타래 진 실의 오라기가 잘 보이지 않는다는 데서 잘 보이지 않는 캄캄한 상황과 관련하여 그 뜻이 '검다' 가 된 것으로 보인다.

玄자는 玄米(현미) · 玄妙(현묘) · 玄武巖(현무암) · 玄海灘(현해탄) · 天地玄黃(천지현황)에서 보듯 그 음이 '현' 이다.

玄자는 그 뜻과 음을 합쳐 '검을 현' 이라 한다.

❀부수의 쓰임 玄자 부수에 속하는 한자로는 統率(통솔)이나 同率(동률)의 率(거느릴 솔/비율 률)자와 磁(자석 자) · 慈(사랑 자) · 滋(불을 자)자에서 음의 역할을 하는 玆(이 자)자가 있다.

玄자는 弦(시위 현) · 絃(줄 현) · 鉉(솥귀 현) · 衒(발보일 현) · 舷(뱃전 현) · 眩(아찔할 현)자에 덧붙여져 음의 역할을 하기도 한다.

玉 5획 구슬 옥 | 王 구슬옥변

갑골문	금 문	소 전	예 서

글자의 뿌리 끈에 몇 개의 구슬이 꿰어진 모양을 표현한 글자이다. 구슬 하나로 문자(文字)를 만들기 어려워 그 대표적인 쓰임인 장식품의 형상으로 나타낸 것이다. 후에 王(임금 왕)자와 구별하기 위해 글자 사이에 한 점(點)을 덧붙여 오늘날의 형태로 쓰이게 되었다.

뜻과 음 끈에 몇 개의 구슬이 꿰어진 모양에서 비롯된 玉자는 그 뜻이 '구슬' 이 되었다. 白玉(백옥) · 珠玉(주옥) · 玉色(옥색) · 玉石(옥석) · 玉童子(옥동자) · 金枝玉葉(금지옥엽)의 말에서 보듯 玉자는 그 음이 '옥' 이다. 玉자는 그 뜻과 음을 합쳐 '구슬 옥' 이라 한다. 玉자가 글자의 왼쪽에 덧붙여질 때는 점(點)이 없는 원래 형태로 쓰이는데, 이는 '구슬옥변' 이라 한다. 부수가 왼쪽에 사용될 때에 부르는 명칭인 '변' 을 덧붙인 것이다.

부수의 쓰임 옛날부터 사람들은 옥으로 여러 물건을 만들었다. 따라서 玉자를 부수로 삼는 한자는 옥뿐 아니라 옥으로 만들어진 물건과 관계된 뜻을 지닌다. 다음은 그 뜻의 쓰임에 따라 셋으로 나눠 본 것이다.

① 옥으로 만든 물건과 관련된 한자

琉 (유리 류)	珥 (귀엣고리 이)	珐 (법랑 법)
璃 (유리 리)	環 (고리 환)	璽 (도장 새)

② 옥의 명칭과 관련된 한자

珀 (호박 박)	琥 (호박 호)	瑙 (마노 노)
珊 (산호 산)	珠 (구슬 주)	球 (아름다운 옥 구)
珍 (보배 진)	瑚 (산호 호)	瑯 (옥 이름 랑)
瑪 (마노 마)	瑤 (아름다운 옥 요)	璧 (둥근 옥 벽)
瓊 (옥 경)		

③ 옥과 관련된 동작이나 상태를 나타낸 한자

玩 (희롱할 완)	理 (다스릴 리)	玲 (옥 소리 령)
現 (나타날 현)	班 (나눌 반)	琢 (쫄 탁)
瑕 (티 하)	瑩 (밝을 영)	瓏 (옥 소리 롱)

그 외에 琴(거문고 금) · 瑟(큰 거문고 슬) · 琵(비파 비) · 琶(비파 파)자도 玉자 부수에 속하나, 글자 위쪽에 보이는 두 개의 王 형태가 현악기(絃樂器)의 줄 모양에서 비롯된 것이기 때문에 구슬과 관련이 없다. 王(임금 왕)자 역시 玉자 부수에 속하나 구슬과 관련이 없다.

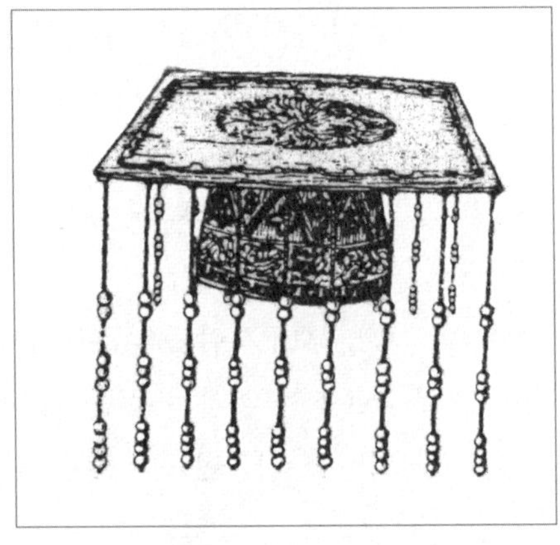

구슬이 달려있는 면류관

用 5획 쓸 용

갑골문	금 문	소 전	예 서
			用

❀글자의 뿌리 여러 나무 가지로 엮어놓은 울타리를 표현한 글자로 보인다.

❀뜻과 음 用자는 울타리 안에 양이나 소 등의 희생물(犧牲物)을 가둬 뒀다가 필요한 때에 잡아서 쓴다 하여 그 뜻이 '쓰다'가 된 것으로 짐작된다. 食用(식용)·軍用(군용)·日用品(일용품)·學用品(학용품)·男女共用(남녀공용)·無用之物(무용지물)의 말에서 보듯 用자는 그 음이 '용'이다. 用자는 그 뜻과 음을 합쳐 '쓸 용'이라 한다.

❀부수의 쓰임 用자 부수에 속하는 한자로는, 補(기울 보)·輔(덧방나무 보)·浦(물가 포)·捕(사로잡을 포)·葡(포도 포)·鋪(문고리 포)·脯(포 포)·哺(먹을 포)·匍(길 포)·逋(달아날 포)·蒲(부들 포)·圃(밭 포)자에서 음의 역할을 하는 甫(클 보)자와, 踊(뛸 용)·涌(샘솟을 용)·俑(허수아비 용)·通(통할 통)·痛(아플 통)·桶(통 통)·誦(욀 송)자에서 음의 역할을 하는 甬(길 용)자가 있다.

울타리를 두른 우리

石 5획 돌 석

갑골문	금 문	소 전	예 서

글자의 뿌리 예리하게 만든 모난 돌과 네모난 돌을 함께 표현한 글자로 보인다. 후에 모난 돌은 丆의 형태로 바뀌고, 네모난 돌은 口의 형태로 쓰이게 되었다.

뜻과 음 돌을 나타냈기 때문에 石자는 그 뜻이 '돌' 이 되었다. 石工(석공) · 石塔(석탑) · 化石(화석) · 巖石(암석) · 望夫石(망부석) · 大理石(대리석) · 石器時代(석기시대)의 말에서 보듯 石자는 그 음이 '석' 이다. 石자는 그 뜻과 음을 합쳐 '돌 석' 이라 한다.

부수의 쓰임 石자 부수에 속하는 한자는 암석(巖石)의 종류나 성질, 또는 돌로 만들어진 기물(器物) 등과 관련된 뜻을 지닌다. 다음은 그런 한자를 네 가지로 나눈 것이다.

① 돌의 종류와 관련된 한자

乭 (돌 돌) 礁 (물에 잠긴 바위 초) 磐 (너럭바위 반)
砂 (모래 사) 礫 (조약돌 력) 磁 (자석 자)

② 돌로 만든 물건과 관련된 한자

砲 (돌 쇠뇌 포) 碇 (닻 정) 硯 (벼루 연)

碑 (비석 비)	磬 (경쇠 경)	礎 (주춧돌 초)
碁 (바둑 기)	砦 (울타리 채)	

③ **돌과 관련된 활동(상태)을 나타낸 한자**

硬 (굳을 경)	破 (깨뜨릴 파)	研 (갈 연)
碎 (부술 쇄)	磋 (갈 차)	確 (굳을 확)
碍 (거리낄 애)	磨 (갈 마)	

④ **화학물질과 관련된 한자**

硼 (붕사 붕)	硫 (유황 류)	硅 (규소 규)
硝 (초석 초)	砒 (비소 비)	礬 (명반 반)

네 번째 화학물질과 관련된 한자들은 금속(金屬)과 관련이 없고, 광석(鑛石)과 관련이 있기 때문에 石자를 부수로 삼고 있다.

돌로 만든 옛날의 도끼

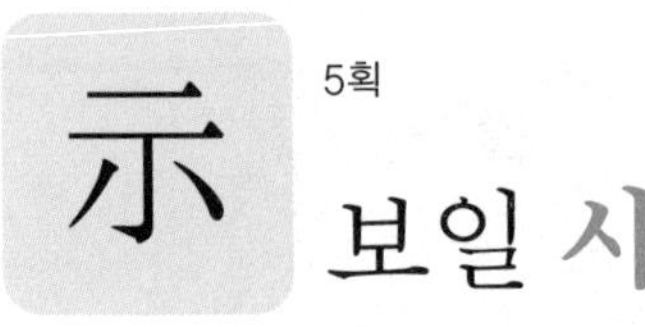

示 5획 보일 시

갑골문	금 문	소 전	예 서

❀글자의 뿌리 신(神)이나 하늘에 제사(祭祀)를 지낼 때에 사용된 제단(祭壇)을 표현한 글자이다.

❀뜻과 음 옛날 사람들은 신이나 하늘이 좋은 일이나 나쁜 일을 사람에게 보여 주는 능력이 있다고 믿었다. 따라서 제단에 제물(祭物)을 올려 제사를 지냈고, 그 영험함을 사람에게 보여 주기 바라던 데서 示자는 그 뜻이 '보이다'가 되었다.
示威(시위)·示範(시범)·啓示(계시)·表示(표시)·揭示板(게시판)·展示會(전시회)의 말에서 보듯 示자는 그 음이 '시'이다.
示자는 그 뜻과 음을 합쳐 '보일 시'라 한다.

❀부수의 쓰임 示자 부수에 속하는 한자는 신(神)을 숭배(崇拜)하는 활동이나 화복(禍福)과 관련이 깊은 뜻을 지닌다. 다음은 그런 한자를 두 유형으로 나눠 보았다.

① 신이나 신을 숭배하는 활동과 관련된 한자

神 (귀신 신)	社 (토지의 신 사)	祀 (제사 사)
祈 (빌 기)	祖 (조상 조)	祝 (빌 축)
祭 (제사 제)	禁 (금할 금)	禦 (막을 어)
禪 (봉선 선)	禮 (예도 례)	禱 (빌 도)
祠 (사당 사)		

② 화복과 관련된 한자

祉 (복 지)	祥 (상서로울 상)	祿 (복 록)
福 (복 복)	禍 (재화 화)	祚 (복 조)
禧 (복 희)	禎 (상서 정)	

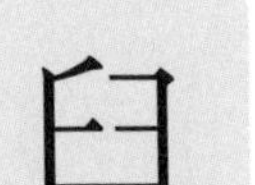

6획

臼 절구 구

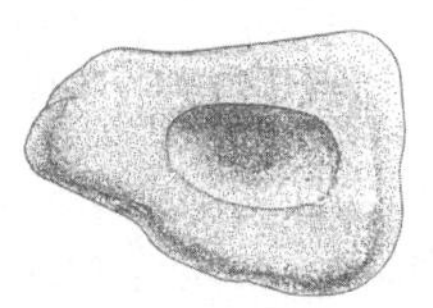

갑골문	금 문	소 전	예 서

글자의 뿌리 벽이 조잡하게 생긴 단순한 형태의 절구를 표현한 글자이다.

뜻과 음 절구를 나타냈기 때문에 臼자는 그 뜻이 '절구' 이다. 脫臼(탈구)나 臼齒(구치)란 말에서 보듯 臼자는 그 음이 '구' 이다. 臼자는 그 뜻과 음을 합쳐 '절구 구' 라 한다.

부수의 쓰임 臼자 부수에 속하는 한자에는 그 모양이 서로 닮았기 때문에 臼(깍지 낄 국/들 거)자가 포함되어 있다. 臼자는 두 손을 합해 들어 올리고 있는 모습에서 비롯된 한자이다. 舅(시아비 구)·與(줄 여)·興(일 흥)·擧(들 거)·舊(예 구)자가 臼자 부수에 속하는데, 그 가운데 與·興·擧자가 바로 臼자와 관련이 있다. 아울러 舅자와 舊자는 臼자가 음의 역할을 하기도 한다.

돌로 만든 옛날의 절구

6획

舟 배 주

갑골문	금 문	소 전	예 서

❀글자의 뿌리 배를 표현한 글자이다. 배의 좌우측을 튼튼히 연결시키기 위해 여러 조각의 나무판자가 붙여져 있다.

❀뜻과 음 배를 나타낸 舟자는 그 뜻이 '배' 이다. 方舟(방주)·一葉片舟(일엽편주)·吳越同舟(오월동주)·呑舟之魚(탄주지어)·刻舟求劍(각주구검)의 말에서 보듯 舟자는 그 음이 '주' 이다. 舟자는 그 뜻과 음을 합쳐 '배 주' 라 한다.

❀부수의 쓰임 舟자 부수에 속하는 한자는 일반적으로 배와 관련된 뜻을 지닌다. 다음은 그처럼 뜻이 직접 배와 관련된 한자이다.

航 (건널 항)	舵 (키 타)	艙 (선창 창)
舶 (큰 배 박)	舷 (뱃전 현)	艦 (싸움배 함)
船 (배 선)	艇 (거룻배 정)	

글자의 뿌리 위에 입는 옷을 표현한 글자이다. 양쪽 두 소매와 옷깃을 오른쪽으로 여미고 있는 모습으로 나타냈다.

뜻과 음 옷에서 비롯된 글자이기 때문에 衣자는 그 뜻이 '옷' 이 되었다. 衣服(의복)·衣裳(의상)·雨衣(우의)·壽衣(수의)·脫衣室(탈의실)·衣食住(의식주)·白衣民族(백의민족)의 말에서 보듯 衣자는 그 음이 '의' 이다. 衣자는 그 뜻과 음을 합쳐 '옷 의' 라 한다.
衣자가 덧붙여진 글자에서 왼쪽에 사용될 때는 衤으로 쓰이는데, 이는 '옷의변' 이라 한다. 부수가 왼쪽에 사용될 때에 부르는 명칭 '변' 을 덧붙인 것이다.

부수의 쓰임 衣(衤)자 부수에 속하는 한자는 대개 옷과 관계된 뜻을 지닌다. 이를 그 뜻의 쓰임에 따라 구분하면 다음 세 유형으로 볼 수 있다.

① 옷과 관련된 명칭을 나타낸 한자

衫 (적삼 삼) 衮 (곤룡포 곤) 衾 (이불 금)
袈 (가사 가) 袖 (소매 수) 袍 (핫옷 포)
裟 (가사 사) 裳 (치마 상) 褐 (털옷 갈)
褓 (포대기 포) 複 (겹옷 복) 褥 (요 욕)
襁 (포대기 강) 襟 (옷깃 금) 襤 (누더기 람)
褸 (남루할 루) 襪 (버선 말)

② 옷과 관련된 활동 및 표현을 나타낸 한자

裁 (마를 재) 衲 (기울 납) 衰 (쇠할 쇠)
袒 (웃통 벗을 단) 裂 (찢을 렬) 補 (기울 보)
裕 (넉넉할 유) 裝 (꾸밀 장) 裸 (벌거숭이 라)
裵 (옷 치렁치렁할 배) 製 (지을 제) 褻 (더러울 설)
被 (입을 피)

③ 옷에 관한 의미가 드러나지 않은 한자

表 (겉 표) 裏 (속 리) 衷 (속마음 충)
裔 (후손 예) 裨 (도울 비) 褒 (기릴 포)
襲 (엄습할 습)

옛날의 석상

辛 7획 매울 신

갑골문	금 문	소 전	예 서

❀글자의 뿌리 옛날에 죄인(罪人)이나 포로(捕虜)의 얼굴에 검은 먹으로 문신(文身)을 새길 때에 사용한 도구를 표현한 글자이다.

❀뜻과 음 검은 먹이 새겨진 자는 견디기 힘든 고통을 받았는데, 맛 가운데에서도 견디기 힘든 맛이 매운맛이다. 따라서 그 문신을 새기는 도구에서 비롯된 辛자는 그 뜻이 '맵다'가 되었다.
辛辣(신랄)·辛勝(신승)·香辛料(향신료)·千辛萬苦(천신만고)의 말에서 보듯 辛자는 그 음이 '신'이다.
辛자는 그 뜻과 음을 합쳐 '매울 신'이라 한다.

❀부수의 쓰임 辛자를 부수로 삼는 한자에는 無辜(무고)의 辜(허물 고), 辟除(벽제)의 辟(허물 벽), 辛辣(신랄)의 辣(매울 랄), 辨別(변별)의 辨(분별할 변), 辦公費(판공비)의 辦(힘쓸 판), 辭典(사전)의 辭(말 사), 雄辯(웅변)의 辯(말 잘할 변)자가 있다.

7획

辰 별 진

갑골문	금 문	소 전	예 서

글자의 뿌리 단단한 껍데기로 이뤄진 조개를 표현한 글자로 보인다.

뜻과 음 조개는 가볍고 다루기 편할 뿐 아니라 껍데기가 깨진 부분이 아주 예리하다. 때문에 옛날 사람들이 쉽게 풀이나 이삭을 자르는 데 사용한 농사(農事)의 도구가 되기도 했다. 따라서 辰자는 농사와 관련된 뜻을 지니게 되었고, 다시 옛날 사람들이 농사를 지을 때에 별자리의 움직임을 참고한 데서 '별' 의 뜻을 지니게된 것으로 보인다.

辰자는 日辰(일진)이나 壬辰倭亂(임진왜란)이란 말에서 보듯 그 음이 '진' 이다.

辰자는 그 뜻과 음을 합쳐 '별 진' 이라 한다.

아울러 辰자는 옛날 사람들이 별을 보고 일정한 때를 짐작했기 때문에 '때' 의 뜻을 지니기도 하는데, 그 때는 生辰(생신)이나 誕辰(탄신)이란 말에서 보듯 그 음이 '신' 으로 읽힌다.

부수의 쓰임 辰자 부수에 속하면서 자주 사용되는 한자에는 恥辱(치욕)의 辱(욕되게 할 욕)자와 農業(농업)의 農(농사 농)자 뿐이다.

그러나 辰자는 振(떨칠 진) · 震(벼락 진) · 賑(구휼할 진) · 唇(놀랄 진/입술 순) · 娠(애밸 신) · 晨(새벽 신) · 蜃(무명조개 신) · 脣(입술 순)자 등 비교적 많은 글자에 덧붙여져 음의 역할을 하기도 한다.

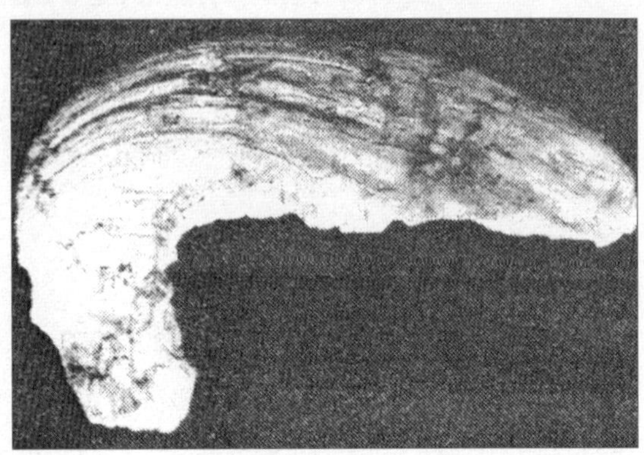

조개껍질로 만든 농기구

8획

金 쇠 금

갑골문	금 문	소 전	예 서

글자의 뿌리 쇠로 된 물건을 만들기 위한 틀이거나 그 틀로 만든 쇠로 된 물건을 표현한 글자로 보인다.

뜻과 음 쇠와 관련이 있기 때문에 金자는 그 뜻이 '쇠' 가 되었다.
金冠(금관) · 金鑛(금광) · 純金(순금) · 黃金(황금) · 金字塔(금자탑) · 金銀銅(금은동) · 一攫千金(일확천금)의 말에서 보듯 金자는 그 음이 '금' 이다.
金자는 그 뜻과 음을 합쳐 '쇠 금' 이라 한다.
金자가 사람의 성(姓)으로 쓰일 때는 '김' 으로 읽힌다. 따라서 金자는 '성 김' 이라 하기도 한다.

부수의 쓰임 金자 부수에 속하는 한자는 대부분 금속의 종류나 성질, 또는 금속으로 만든 물건과 관련된 뜻을 지닌다. 이를 그 뜻의 쓰임에 따라 살펴보면 다음 세 유형으로 나눌 수 있다.

① 금속의 종류와 관련된 한자

鐵 (쇠 철) 銅 (구리 동) 銀 (은 은)
錫 (주석 석) 鉛 (납 연) 鋼 (강철 강)
鑛 (쇳돌 광)

② 금속으로 만든 물건과 관련된 한자

針 (바늘 침) 釘 (못 정) 銃 (총 총)
鋒 (칼끝 봉) 錐 (송곳 추) 鍵 (열쇠 건)
錢 (돈 전) 鍼 (침 침) 鐘 (쇠북 종)
鈴 (방울 령) 鐸 (방울 탁) 鏡 (거울 경)
釜 (가마솥 부) 鑑 (거울 감)

③ 금속에서 비롯된 동작(상태)과 관련된 한자

鑄 (쇠 부어 만들 주) 鍛 (쇠 불릴 단) 鍍 (도금할 도)
鍊 (불릴 련) 銘 (새길 명) 錄 (기록할 록)
錯 (섞일 착) 銳 (날카로울 예) 鈍 (무딜 둔)
銷 (녹일 소) 鎔 (녹일 용)

쇠를 녹이는 모습

11획

소금밭 로

갑골문	금 문	소 전	예 서

글자의 뿌리 바구니와 같은 기구(器具)에 담겨져 있는 소금을 표현한 글자로 보인다. 안의 점(點)은 소금을 나타내며, 밖은 소금을 담는 바구니와 같은 기구(器具)를 나타낸 것으로 짐작된다.

뜻과 음 소금이 담겨진 기구에서 비롯된 鹵자는 소금과 관련하여 그 뜻이 소금이 나는 '소금밭' 이 되었다.
鹵자는 鹵獲(로획 → 노획)이나 鹵掠(로략 → 노략)이란 말에서 보듯 그 음이 '로' 이다. 옛날에는 귀한 소금을 노략질하는 사람이 있었기 때문에 그런 말에 鹵자가 쓰인 것이다.
鹵자는 그 뜻과 음을 합쳐 '소금밭 로' 라 한다.

부수의 쓰임 鹵자 부수에 속하는 한자로는 天日鹽(천일염)의 鹽(소금 염)자와 鹹水魚(함수어)의 鹹(짤 함)자 정도가 일상생활에서 비교적 자주 사용되고 있다.

黃 12획 누를 황

갑골문	금 문	소 전	예 서

글자의 뿌리 옛날 신분 높은 사람이 몸에 차는 장신구(裝身具)인 구슬을 표현한 글자로 보인다. 가운데에 보이는 동그란 형태가 옥고리이며, 옥고리 아래가 내려뜨린 장식물로 여겨진다.

뜻과 음 몸에 차는 구슬과 관련된 黃자는 구슬의 일반적인 색깔을 빌어 그 뜻이 '누르다'가 되었다. 黃자는 黃土(황토)·黃砂(황사)·黃海(황해)·黃人種(황인종)·天地玄黃(천지현황)의 말에서 보듯 그 음이 '황'이다. 黃자는 그 뜻과 음을 합쳐 '누를 황'이라 한다.

부수의 쓰임 黃자 부수에 속하면서 일상생활에 자주 사용되는 한자는 찾아볼 수 없다. 그러나 黃자는 덧붙여진 글자에서 종종 음의 역할을 하는데, 簧(피리 황)·廣(넓을 광)·鑛(쇳돌 광)·擴(넓힐 확)·橫(가로 횡)자 등이 바로 그런 한자이다.

패옥을 차고 있는 나무 인형

鼓 13획

북 고

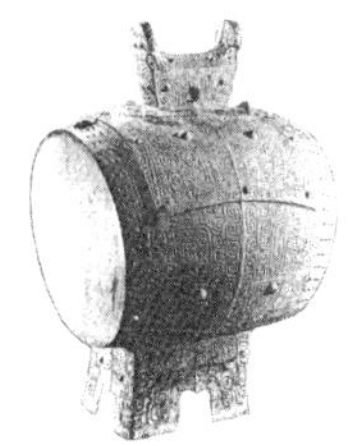

갑골문	금 문	소 전	예 서

글자의 뿌리 북과 그 북이 손으로 치는 악기임을 분명히 하기 위해 손에 막대가 들려 있는 모양을 표현한 글자이다. 북 위에는 갈라진 장식물이 있고, 아래에는 받침대가 있다.

뜻과 음 북과 관련하여 이뤄진 鼓자는 그 뜻이 '북' 이 되었다. 小鼓(소고)·長鼓(장고)·鼓手(고수)·鼓吹(고취)·申聞鼓(신문고)·自鳴鼓(자명고)·鼓腹擊壤(고복격양)의 말에서 보듯 鼓자는 그 음이 '고' 이다. 鼓자는 그 뜻과 음을 합쳐 '북 고' 라 한다.

부수의 쓰임 鼓자 부수에 속하면서 그나마 활용되고 있는 한자로는 북의 한 가지인 鼗鼓(도고)의 鼗(땡땡이 도)자가 있다.

북을 치는 사람 모습

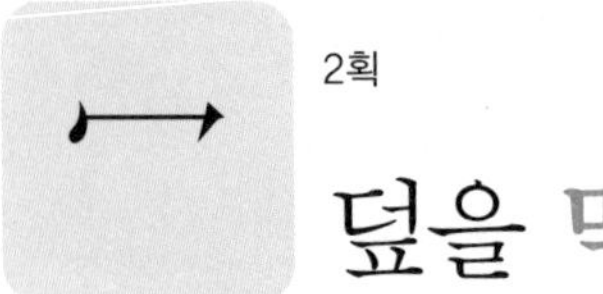

2획

冖 덮을 멱

갑골문	금 문	소 전	예 서

글자의 뿌리 무언가 늘어뜨려서 덮고 있는 모양을 표현한 글자이다.

뜻과 음 무언가 덮고 있는 모양에서 冖자는 그 뜻이 '덮다' 가 되었다. 冖자는 부수의 역할만 하는 글자이다. 천으로 만들어 덮어씌우는 天幕(천막)의 幕(막 막)자를 덧붙인 冪(덮을 멱)자가 冖자를 대신해 문자(文字)로 쓰이는데, 冖자는 冪(멱)자처럼 그 음이 '멱' 이다. 冖자는 그 뜻과 음을 합쳐 '덮을 멱' 이라 한다.

부수의 쓰임 冖자를 부수로 삼는 한자는 일반적으로 덮어 가리는 사물이나 상태와 관련된 뜻을 지닌다. 실제로 그 부수에 속하는 冠(갓 관)자는 머리를 덮어 가리는 '갓' 을 뜻하며, 冤(원통할 원) · 冢(무덤 총) · 冥(어두울 명)자 등도 덮는다는 뜻과 관련이 있다.

几 2획 안석 궤

갑골문	금 문	소 전	예 서
	几	几	几

글자의 뿌리 사람이 앉을 때에 벽에 세우고 몸을 뒤쪽으로 기대는 방석(方席)인 안석(案席)을 표현한 글자이다.

뜻과 음 안석 모양에서 几자는 그 뜻이 '안석' 이 되었다.
几자는 잘 쓰이는 말은 아니지만 几席(궤석) · 几案(궤안) · 几杖(궤장)의 말에서 보듯 그 음이 '궤' 이다.
几자는 그 뜻과 음을 합쳐 '안석 궤' 라 한다.

부수의 쓰임 几자 부수에 속하면서 자주 사용되는 한자로는 平凡(평범)의 凡(무릇 범), 鳳凰(봉황)의 凰(봉황새 황), 凱旋(개선)의 凱(즐길 개)자가 있다.
几자는 机床(궤상)의 机(책상 궤)자와 飢餓(기아)의 飢(주릴 기)자에서 음의 역할을 하기도 한다.

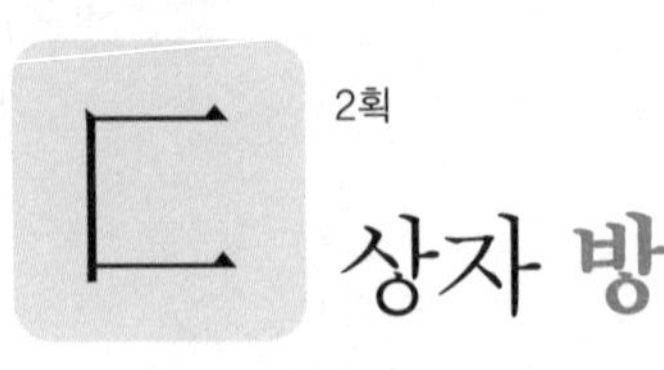

2획

상자 방

갑골문	금 문	소 전	예 서
匚	匚	匚	匚

글자의 뿌리 한 쪽을 향해 그 입구가 터져 있는 네모난 상자를 표현한 글자이다.

뜻과 음 상자를 나타냈기 때문에 匚자는 그 뜻이 '상자'가 되었다. 匚자는 부수로만 사용되기 때문에 어휘를 들어 음(音)을 살펴볼 수 없는데, 그 음은 '방'이다.
따라서 匚자는 그 음과 뜻을 합쳐 '상자 방'이라 한다.

부수의 쓰임 匚자 부수에 속하는 한자는 대개 물건을 담아두는 기구나 물건을 담는다는 뜻과 관련이 있다. 匡正(광정)의 匡(바룰 광), 巨匠(거장)의 匠(장인 장), 文匣(문갑)의 匣(갑 갑), 匪賊(비적)의 匪(대상자 비)자가 그 부수에 속하는 한자 가운데 비교적 자주 쓰이고 있다.

卜 2획 점복

갑골문	금 문	소 전	예 서
卜	卜	卜	卜

글자의 뿌리 거북 껍데기에 홈을 파고 불로 지져서 생긴 갈라진 무늬를 표현한 글자이다.

뜻과 음 옛날 사람들은 거북 껍데기에 홈을 파고 불로 지져서 생긴 갈라진 무늬를 보고 사냥이나 전쟁 등의 길흉(吉凶)을 미리 점(占)쳤다. 따라서 점을 쳤던 무늬에서 비롯된 卜자는 그 뜻이 '점' 이 되었다. 卜자는 卜債(복채)나 占卜(점복)이란 말에서 보듯 그 음이 '복' 이다. 卜자는 그 음과 뜻을 합쳐 '점 복' 이라 한다.

부수의 쓰임 卜자 부수에 속하는 한자로는 占術(점술)의 占(점칠 점)자와 占卦(점괘)의 卦(점괘 괘)자가 있다.
卜자는 朴(후박나무 박), 赴(다다를 부), 訃(부고 부)자의 구성에 도움을 주면서 음의 역할을 하기도 한다.

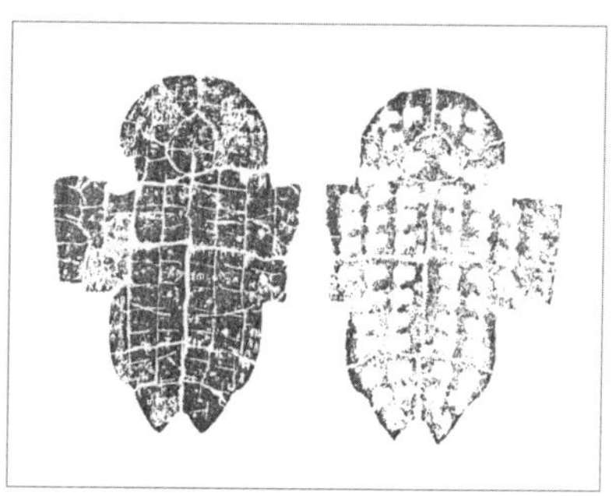
점을 치는 데 사용된 거북 껍데기

3획

작을 요

갑골문	금 문	소 전	예 서

글자의 뿌리 가늘고 작은 실이 타래 진 모양을 표현한 글자이다. 糸(실 사)자의 윗부분만 나타냈다.

뜻과 음 타래 진 실이 가늘고 작기 때문에 幺자는 그 뜻이 '작다'가 되었다.

幺자는 幼(어릴 유)자에 덧붙여져 음의 역할을 한다. 나아가 幼자는 다시 執拗(집요)의 拗(꺾을 요)자나 窈窕淑女(요조숙녀)의 窈(그윽할 요)자에 덧붙여져 음의 역할을 하는데, 拗(요)자나 窈(요)자처럼 幺자는 그 음이 '요'이다.

幺자는 그 뜻과 음을 합쳐 '작을 요'라 한다.

부수의 쓰임 幺자 부수에 속하는 한자는 흔히 실과 관련되어 이뤄진 뜻을 지닌다. 幻覺(환각)의 幻(변할 환), 幼兒(유아)의 幼(어릴 유), 幽靈(유령)의 幽(그윽할 유), 幾何(기하)의 幾(기미 기)자가 그 부수에 속한다.

6획

실 사

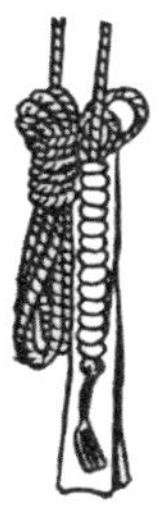

갑골문	금 문	소 전	예 서

글자의 뿌리 가는 실이 한 타래 묶인 모양을 표현한 글자이다.

뜻과 음 가는 실과 관련하여 糸자는 '가는 실' 이란 뜻을 지니고, '멱' 이란 음을 지닌다. 그러나 오늘날에는 鐵絲(철사)나 一絲不亂(일사불란)이란 말에 보이는 絲(실 사)자의 속자(俗字)로 흔히 사용되고 있다. 때문에 糸자는 그 뜻과 음을 합쳐 '가는 실 멱' 이라 하기보다 '실 사' 로 더 자주 불려지고 있다.

부수의 쓰임 糸자를 부수로 삼는 한자의 뜻은 대부분 실의 종류나 성질 및 직물(織物)과 관련이 있다. 다음은 그 뜻의 쓰임에 따라 대략 네 유형으로 구분한 것이다.

① 실과 관련되어 붙여진 명칭을 나타낸 한자

紀 (실마리 기)	紗 (깁 사)	純 (생사 순)
絆 (줄 반)	紳 (큰 띠 신)	組 (끈 조)
紬 (명주 주)	絃 (악기 줄 현)	絲 (실 사)
絨 (융 융)	絹 (명주 견)	經 (날 경)
綱 (벼리 강)	綺 (비단 기)	綿 (솜 면)
維 (밧줄 유)	緞 (비단 단)	緖 (실마리 서)

線 (줄 선)	緯 (씨 위)	縷 (실 루)
繩 (노끈 승)		

② 실과 관련된 활동을 나타낸 한자

系 (이을 계)	糾 (꼴 규)	約 (묶을 약)
紡 (자을 방)	紹 (이을 소)	結 (맺을 결)
絞 (목맬 교)	絕 (끊을 절)	緊 (굳게 얽을 긴)
綴 (꿰맬 철)	締 (맺을 체)	編 (엮을 편)
緘 (봉할 함)	縛 (묶을 박)	縣 (매달 현)
縫 (꿰맬 봉)	繃 (묶을 붕)	績 (실 낳을 적)
繕 (기울 선)	織 (짤 직)	繫 (맬 계)
繹 (풀어낼 역)	繼 (이을 계)	纂 (모을 찬)
續 (이을 속)		

③ 실과 관련된 성질이나 상태를 나타낸 한자

細 (가늘 세)	繁 (많을 번)	纖 (가늘 섬)
紊 (어지러울 문)	紛 (어지러울 분)	給 (넉넉할 급)
綻 (옷 터질 탄)		

④ 색깔과 관련된 한자

紅 (붉을 홍)	綠 (푸를 록)	素 (흴 소)
紫 (자주 빛 자)	紺 (감색 감)	緇 (검을 치)
緋 (붉은빛 비)	絳 (진홍 강)	

한자에서 오색(五色－靑・黃・赤・白・黑)을 제외한 색깔과 관련된 글자는 위에 보이는 네 번째 유형에서처럼 흔히 糸자를 부수로 삼는다. 이는 옛날 사람들이 색깔을 대함에 있어 가장 인상이 깊은 때가 실(糸)에 물들이는 경우였기 때문이다.

베짜기와 실감기

6획

그물 망

갑골문	금 문	소 전	예 서

글자의 뿌리 새나 고기를 잡는 그물을 표현한 글자이다.

뜻과 음 그물을 나타냈기 때문에 网자는 그 뜻이 '그물'이 되었다. 그물을 뜻하는 网자는 후에 음의 역할을 하는 亡(망할 망)자를 덧붙여 罔(그물 망/없을 망)자로 쓰다가 다시 그 뜻을 더욱 분명히 하기 위해 糸(실 사)자를 덧붙인 網(그물 망)자로 쓰고 있다. 따라서 魚網(어망)·投網(투망)·鐵網(철망)의 網(망)자처럼 网자는 그 음이 '망'이다.
网자는 그 뜻과 음을 합쳐 '그물 망'이라 한다.
网자가 다른 글자와 어울려 사용될 때는 그 형태가 간략하게 변화되어 주로 罪(죄)자에서처럼 罒의 형태로 쓰이고, 드물게 罕(한)자에서처럼 ⺳의 형태로 쓰이기도 한다.

부수의 쓰임 옛날 사람들은 지켜야 할 규율(規律)을 나타내는 데 网(罒·⺳)자를 덧붙인 한자를 만들어 사용했다. 곧 범죄자(犯罪者)가 법률(法律)의 제재(制裁)에서 벗어날 수 없음을 새나 물고기가 그물에서 벗어날 수 없음에 비유한 것이다. 다음은 그 부수에 속하는 한자이다.

罔 (그물 망)
罕 (그물 한)
罟 (그물 고)
罫 (줄 괘)
罪 (허물 죄)
置 (둘 치)
罰 (벌 벌)
署 (관청 서)
罵 (욕할 매)
罷 (그만둘 파)
罹 (걸릴 리)
羅 (새 그물 라)

두 손으로 그물을 다루는 모습

耒 6획 쟁기 뢰

글자의 뿌리 원시적인 형태의 쟁기를 표현한 글자이다.

뜻과 음 쟁기를 나타냈기 때문에 耒자는 그 뜻이 '쟁기'가 되었다. 耒자는 주로 부수의 역할만 하므로 어휘를 통해 그 음을 알 수 없지만 '뢰'의 음을 지닌 글자이다.
따라서 耒자는 그 뜻과 음을 합쳐 '쟁기 뢰'라 한다.

부수의 쓰임 耒자 부수에 속하는 한자의 뜻은 일반적으로 농사 활동과 관련이 있다. 그러나 그런 한자 가운데 耕作(경작)의 耕(밭갈 경), 消耗(소모)의 耗(줄 모), 耤田(적전)의 耤(적전 적), 耕耘機(경운기)의 耘(밭갈 운)자만 오늘날 비교적 자주 사용되고 있다.

쟁기질 하는 모습

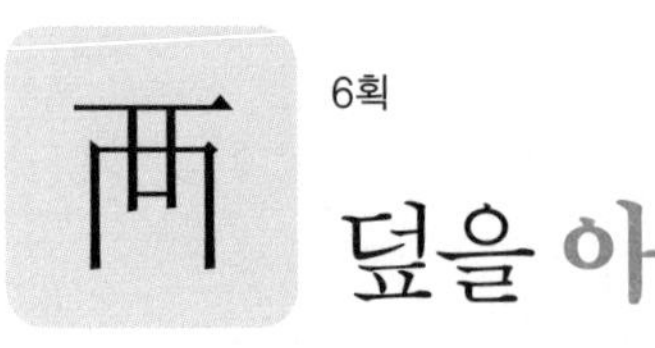

6획

덮을 아

갑골문	금 문	소 전	예 서

❀ 글자의 뿌리 무언가 덮을 수 있는 물건의 형태를 표현한 글자로 보인다.

❀ 뜻과 음 덮을 수 있는 물건을 나타냈기 때문에 襾자는 그 뜻이 '덮다'가 되었다.

襾자는 부수의 역할만 하는 글자로, 그 음이 '아'이다.

襾자는 그 뜻과 음을 합쳐 '덮을 아'라 한다.

❀ 부수의 쓰임 襾자를 부수로 삼는 한자는 매우 적으며, 더욱 그 뜻과 관련이 없다. 단지 覆蓋(복개 ← 부개)의 覆(뒤집힐 복/덮을 부)자 하나만 그 뜻과 직접 관련이 있다. 아울러 栖(깃들 서)자에서 음의 역할을 하는 西(서녘 서)자와, 腰(허리 요)자에서 음의 역할을 하는 要(구할 요)자도 그 부수에 속한다.

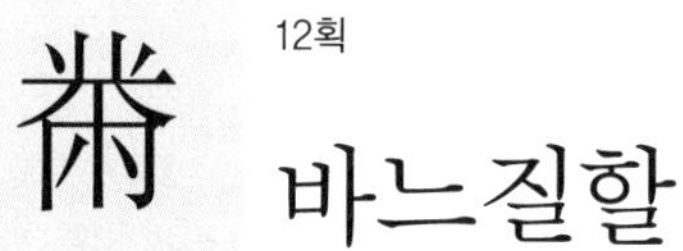

12획

黹 바느질할 치

갑골문	금 문	소 전	예 서

글자의 뿌리 기하학적(幾何學的)인 무늬를 바느질하여 수놓은 모양을 표현한 글자이다.

뜻과 음 바느질하여 수놓은 모양에서 비롯된 黹자는 그 뜻이 '바느질하다' 가 되었다.

黹자는 부수의 역할만 하는 글자로, 그 음이 '치' 이다.

따라서 黹자는 그 뜻과 음을 합쳐 '바느질할 치' 라 한다.

부수의 쓰임 黹자 부수에 속하면서 일상생활에 자주 사용되는 한자는 전혀 찾아볼 수 없다. 어려운 말이지만 黻翣(불삽)의 黻(수 불)자나 黼黻(보불)의 黼(수 보)자 정도에서 그나마 쓰임을 겨우 엿볼 수 있다.

17획

피리 약

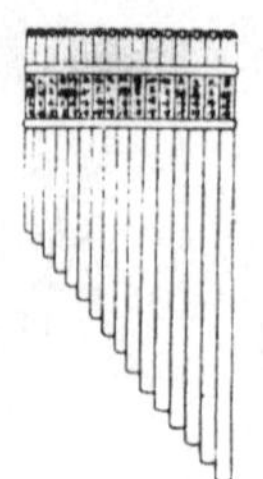

갑골문	금 문	소 전	예 서

글자의 뿌리 피리를 표현한 글자이다. 두 개의 관(管)에 다시 구멍을 표시하는 부분과 줄로 나란히 묶인 모양을 표시하는 부분이 나타나 있다.

뜻과 음 피리 모습에서 龠자는 그 뜻이 '피리'가 되었다.
龠자는 주로 부수의 역할을 하는데, 그 음이 '약'이다.
따라서 龠자는 그 뜻과 음을 합쳐 '피리 약'이라 한다.

부수의 쓰임 龠자 부수에 속하면서 오늘날 일상생활에 자주 활용되는 한자는 단 한 자도 없다. 그나마 和(화할 화)자의 고자(古字)인 龢자와 吹(불 취)자의 고자(古字)인 龡자에서 겨우 그 쓰임을 엿볼 수 있을 정도이다.

제 12 장 자연물 관련 부수

예나 지금이나 세상(世上)에 태어나 사는 사람은 누구나 자연(自然)의 변화에 영향을 받지 않을 수 없다. 사람의 생활이 자연의 변화와 밀접한 관련이 있기 때문이다. 따라서 사람은 자연에 많은 관심을 기울이면서 숭배(崇拜)의 대상으로 삼기도 하고, 생존(生存)에 유리하게 이용하거나 적응하였다.

다음은 자연과 관련되어 이뤄진 부수인 冫(얼음 빙)·土(흙 토)·夕(저녁 석)·小(작을 소)·山(뫼 산)·巛(개미허리)·日(날 일)·月(달 월)·气(기운 기)·水(물 수)·火(불 화)·白(흰 백)·雨(비 우)자에 대해 살펴보기로 하겠다.

2획

얼음 빙

갑골문	금 문	소 전	예 서
[image]	[image]	[image]	[image]

❀글자의 뿌리 얼음이 얼기 시작하거나 녹을 때에 생기는 각(角)이 진 무늬를 표현한 글자이다. 후대로 내려오면서 그 형태가 좀 더 간략하게 변했다.

❀뜻과 음 얼기 시작하거나 녹을 때에 보이는 얼음을 표현했기 때문에 冫자는 그 뜻이 '얼음'이 되었다.

冫자는 훗날 그 뜻을 더욱 분명히 하기 위해 水(물 수)자를 덧붙인 冰(얼음 빙)자로 바뀌어 쓰이면서 부수의 역할만 하게 되었다. 그렇지만 冰山(빙산)·冰菓(빙과)·石冰庫(석빙고)·冰河時代(빙하시대)·冰上競技(빙상경기)의 冰(빙)자처럼 冫자도 그 음이 '빙'이다.

冫자는 그 뜻과 음을 합쳐 '얼음 빙'이라 한다.

나아가 冰자는 氷(얼음 빙)자로도 쓰이고 있다.

❀부수의 쓰임 冫자 부수에 속하는 한자는 흔히 차가운 상황과 관련되어 이뤄진 뜻을 지닌다. 다음은 그런 한자이다.

冬 (겨울 동)
冷 (찰 랭)
冶 (불릴 야)
凍 (얼 동)
凌 (능가할 릉)
凉 (서늘할 량)
凋 (시들 조)
凄 (쓸쓸할 처)
凜 (찰 름)
凝 (얼 응)

얼음을 표현한 무늬

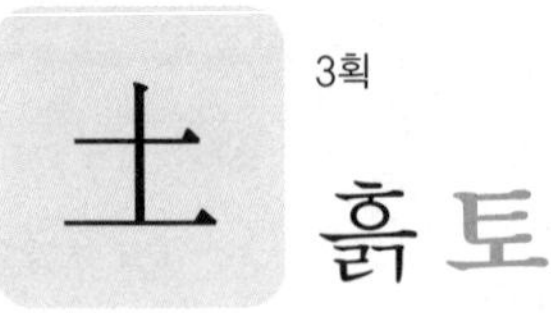

3획

土 흙 토

갑골문	금 문	소 전	예 서

글자의 뿌리 원래 땅 위에 놓인 한 무더기 흙을 표현한 글자였다. 후에 그 흙을 나타낸 부분의 위 아래가 뾰족해지면서 중간이 불룩해지다가 오늘날의 형태가 되었다. 흙이 깔린 땅으로만 글자를 만들기 어려워 땅 위에 다시 한 무더기 흙을 덧붙여 나타낸 것이다.

뜻과 음 　땅 위의 한 무더기 흙에서 비롯된 土자는 그 뜻이 '흙' 이 되었다. 土地(토지) · 土器(토기) · 黃土(황토) · 國土(국토) · 高嶺土(고령토) · 身土不二(신토불이)의 말에서 보듯 土자는 그 음이 '토' 이다. 土자는 그 뜻과 음을 합쳐 '흙 토' 라 한다.

부수의 쓰임 土자 부수에 속하는 한자는 흙의 종류나 상태, 혹은 지형(地形)이나 지역(地域)과 관련되어 이뤄진 뜻을 지닌다. 이들 한자를 살펴보면 다음과 같이 세 유형으로 나눌 수 있다.

① 흙의 종류와 관련된 한자

堊 (백토 악)	塊 (흙덩이 괴)	塗 (진흙 도)
塵 (티끌 진)	墨 (먹 묵)	壤 (흙 양)

② 흙의 상태와 관련된 한자

在 (있을 재)	均 (고를 균)	坐 (앉을 좌)
坦 (평평할 탄)	坪 (평평할 평)	埋 (묻을 매)
堅 (굳을 견)	培 (북돋을 배)	增 (불을 증)
墜 (떨어질 추)	墮 (떨어질 타)	壓 (누를 압)
壞 (무너질 괴)		

③ 지형이나 지역과 관련된 한자

地 (땅 지)	坑 (구덩이 갱)	坊 (동네 방)
址 (터 지)	垈 (터 대)	坤 (땅 곤)
城 (성 성)	垣 (담 원)	堀 (굴 굴)
基 (터 기)	堂 (집 당)	埠 (선창 부)
堆 (언덕 퇴)	堡 (작은 성 보)	場 (마당 장)
堤 (방죽 제)	塘 (못 당)	塞 (변방 새)
塚 (무덤 총)	域 (지경 역)	塔 (탑 탑)
境 (지경 경)	墓 (무덤 묘)	塹 (구덩이 참)
墳 (무덤 분)	墟 (언덕 허)	壇 (단 단)
壁 (벽 벽)	壙 (광 광)	壘 (진 루)
壟 (언덕 롱)		

그 외에 土자를 부수로 하는 한자같지 않지만 報(갚을 보)·垂(드리울 수)·執(잡을 집)·堯(요임금 요)자 역시 土자 부수에 속한다.

夕 3획 저녁 석

갑골문	금 문	소 전	예 서

❀글자의 뿌리 달을 표현한 글자이다. 보름달보다 더 자주 볼 수 있는 이지러진 달을 나타냈다.

❀뜻과 음 옛날부터 사람들은 해가 뜨면 낮으로 보았고, 달이 뜨면 저녁으로 보았다. 따라서 달에서 비롯된 夕자는 그 뜻이 '저녁' 이 되었다.
夕陽(석양) · 秋夕(추석) · 七月七夕(칠석) · 夕刊新聞(석간신문)의 말에서 보듯 夕자는 그 음이 '석' 이다.
夕자는 그 뜻과 음을 합쳐 '저녁 석' 이라 한다.

❀부수의 쓰임 夕자를 부수로 삼는 한자의 뜻은 일반적으로 저녁과 관련이 있으나 外(바깥 외) · 多(많을 다) · 夙(일찍 숙) · 夜(밤 야) · 夢(꿈 몽)자 등으로 그 수가 많지는 않다.

小 작을 소

3획

갑골문	금 문	소 전	예 서

글자의 뿌리 빗방울이나 모래알과 같은 작은 물체 세 개가 흩어져 있는 모습을 표현한 글자이다.

뜻과 음 작은 물체와 관련하여 小자는 그 뜻이 '작다'가 되었다. 小食(소식)·小品(소품)·小人國(소인국)·小賣商(소매상)·小貪大失(소탐대실)·大同小異(대동소이)의 말에서 보듯 小자는 그 음이 '소'이다.
小자는 그 뜻과 음을 합쳐 '작을 소'라 한다.

부수의 쓰임 小자가 덧붙여지는 한자는 대체로 '작다'는 뜻과 관련이 있다. 尖(뾰족할 첨)·雀(참새 작)·少(적을 소)·肖(닮을 초)·劣(못할 렬)자가 바로 그런 글자이다. 그 가운데 尖자와 少자가 尙(오히려 상)자와 더불어 小자 부수에 속한다.

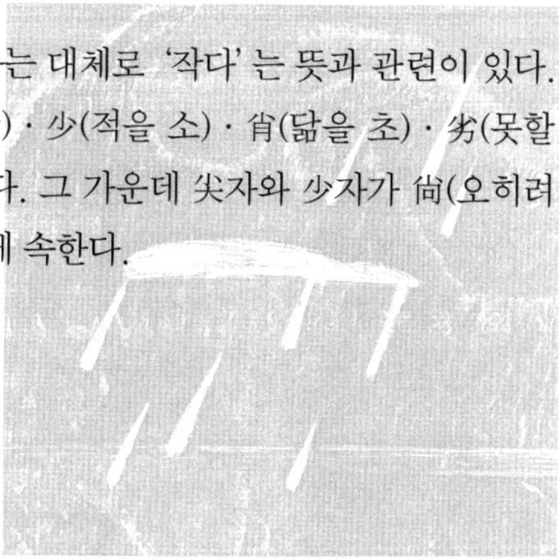

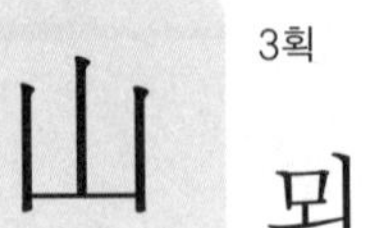

3획

뫼 산

갑골문	금 문	소 전	예 서

글자의 뿌리 몇 개의 봉우리가 늘어서 있는 산을 표현한 글자이다.

뜻과 음 산에서 비롯된 山자는 그 뜻이 산을 뜻하는 순 우리말인 '뫼'가 되었다. 조선의 명필가 양사언(楊士彥)이 지은 시조(時調) 가운데 "태산이 놉다 ᄒᆞ되 하늘 아래 뫼히로다"의 글귀에서 오늘날에도 그 흔적을 엿볼 수 있다.

山자는 火山(화산)·西山(서산)·先山(선산)·登山(등산)·北邙山(북망산)·入山禁止(입산금지)·人山人海(인산인해)의 말에서 보듯 그 음이 '산'이다.

山자는 그 뜻과 음을 합쳐 '뫼 산'이라 한다.

부수의 쓰임 山자를 부수로 삼는 한자는 대개 산의 일부분이나 모양과 관련된 뜻을 지닌다. 이를 그 뜻에 따라 나누면 다음 두 유형으로 볼 수 있다.

① 산의 종류나 산의 일부분과 관련된 한자

岐 (갈림길 기) 岳 (큰 산 악) 峰 (봉우리 봉)
巖 (바위 암) 岸 (언덕 안) 島 (섬 도)
峴 (재 현) 峽 (골짜기 협) 崖 (벼랑 애)
嶺 (재 령) 嶽 (큰 산 악) 嶼 (섬 서)

② 산의 모양과 관련된 한자

崇 (높을 숭) 峻 (높을 준) 峙 (우뚝 솟을 치)
崔 (높을 최) 崎 (험할 기) 崩 (무너질 붕)
嶇 (험할 구)

태산의 모습

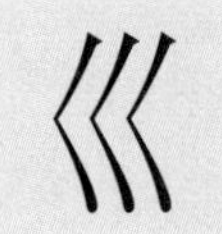

3획

개미허리 | 川 내 천

갑골문	금 문	소 전	예 서

❀ 글자의 뿌리 물이 흐르는 내를 표현한 글자이다.

❀ 뜻과 음 내를 본뜬 巛는 문자(文字)가 되지 못했다. 따라서 음(音)이 없이 개미허리처럼 보이는 그 모양으로 인해 '개미허리' 라 한다. 巛가 변화된 형태인 川자가 하나의 문자가 되었다. 川자는 물이 흐르는 내를 본뜬 글자이기 때문에 그 뜻이 '내' 가 되었다.

川자는 河川(하천)·開川(개천)·山川草木(산천초목)·晝夜長川(주야장천)·名山大川(명산대천)의 말에서 보듯 그 음이 '천' 이다.

川자는 그 뜻과 음을 합쳐 '내 천' 이라 한다.

❀ 부수의 쓰임 巛(川)를 부수로 삼는 한자에는 州(고을 주)·巡(돌 순)·巢(집 소)자가 있다. 그 가운데 巡자는 辶(辵)을 부수로 삼지 않고, 巛(川)를 부수로 삼고 있음에 유의해야 하겠다. 뿐만 아니라 巡자는 巛(川)가 음의 역할을 하는데, 順(순할 순)·馴(길들 순)·訓(가르칠 훈)자 역시 巛(川)가 음의 역할을 한다.

日 4획 날 일

갑골문	금 문	소 전	예 서

글자의 뿌리 가운데에 흑점(黑點)이 있는 해를 표현한 글자이다. 종이가 없었을 적에 해를 거북 배딱지 등에 새기면서 둥글게 쓰기 어려워 나중에는 결국 네모난 형태로 쓰이게 되었다.

뜻과 음 해에서 비롯된 日자는 해가 뜨고 지는 하루 동안의 의미인 '날'의 뜻을 지닌다.
日出(일출)·日記(일기)·來日(내일)·休日(휴일)·日光浴(일광욕)·國慶日(국경일)·作心三日(작심삼일)·日刊新聞(일간신문)의 말에서 보듯 日자는 '일'의 음을 지닌다.
日자는 그 뜻과 음을 합쳐 '날 일'이라 한다.

부수의 쓰임 日자 부수에 속하는 한자는 일반적으로 해에서 비롯된 현상과 관련되어 이뤄진 뜻을 지닌다. 이를 그 뜻에 따라 크게 구분해 보면 다음의 두 유형이 있다.

① 명사의 유형으로 쓰이는 한자

星 (별 성)	晨 (새벽 신)	時 (때 시)
旦 (아침 단)	旬 (열흘 순)	旭 (아침 해 욱)
早 (새벽 조)	昆 (형 곤)	昔 (예 석)
昊 (하늘 호)	昧 (새벽 매)	昨 (어제 작)
春 (봄 춘)	晝 (낮 주)	景 (볕 경)
智 (슬기 지)	暇 (틈 가)	暫 (잠시 잠)
曆 (책력 력)	曉 (새벽 효)	曙 (새벽 서)

② 형용사나 동사의 유형으로 쓰이는 한자

明 (밝을 명)	暗 (어두울 암)	晚 (저물 만)
旱 (가물 한)	昇 (오를 승)	昂 (오를 앙)
旺 (성할 왕)	昌 (창성할 창)	昏 (어두울 혼)
昭 (밝을 소)	是 (옳을 시)	映 (비출 영)
普 (널리 보)	晶 (밝을 정)	晳 (밝을 석)
晴 (갤 청)	暖 (따뜻할 난)	暑 (더울 서)
暝 (어두울 명)	暮 (저물 모)	暴 (사나울 포)
曜 (빛날 요)		

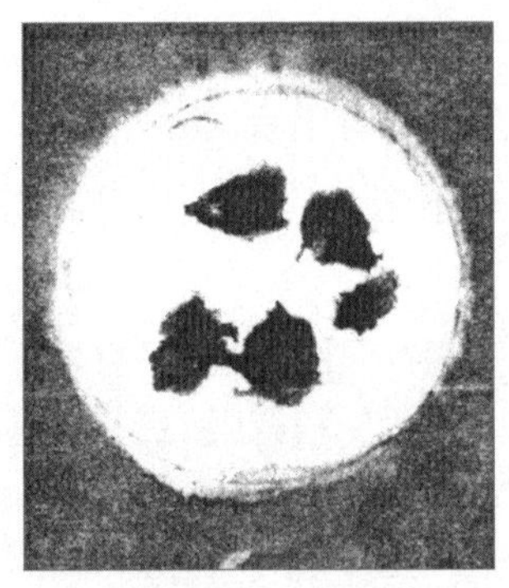

흑점이 보이는 해

月 4획 달 월

갑골문	금 문	소 전	예 서
			月

글자의 뿌리 이지러진 달을 표현한 글자이다. 달이 둥그런 때도 있으나 이지러져 있을 때가 더욱 많기 때문이다. 가운데는 달 표면에 나타나 있는 그림자로 보인다.

뜻과 음 달 모습에서 月자는 그 뜻이 '달' 이 되었다.
月出(월출)·月給(월급)·滿月(만월)·每月(매월)·日就月將(일취월장)·淸風明月(청풍명월)에서 보듯 月자는 그 음이 '월' 이다.
月자는 그 뜻과 음을 합쳐 '달 월' 이라 한다.

부수의 쓰임 月자가 부수로 사용될 때는 朦(흐릴 몽)자나 朧(흐릴 롱)자 등 몇몇 한자를 제외하고 거의 대부분 글자의 오른쪽에 쓰인다. 이는 肉(고기 육)자가 변화 형태인 月(육달월)이 주로 왼쪽에 사용되는 점과 구별된다. 다음은 月자 부수에 속하는 한자이다.

有 (있을 유)	朕 (나 짐)	朝 (아침 조)
服 (옷 복)	朗 (밝을 랑)	朦 (흐릴 몽)
朋 (벗 붕)	望 (바랄 망)	朧 (흐릴 롱)
朔 (초하루 삭)	期 (기약할 기)	

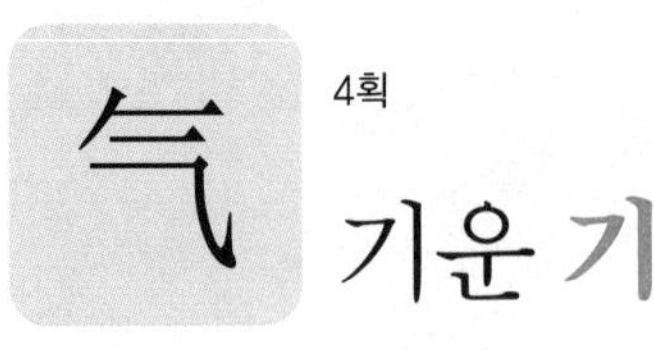

4획

气 기운 기

갑골문	금 문	소 전	예 서

❀ 글자의 뿌리 첩첩으로 피어나는 희미한 구름의 기운을 표현한 글자이다.

❀ 뜻과 음 구름의 기운에서 비롯된 气자는 그 뜻이 '기운' 이 되었다. 오늘날 气자는 米(쌀 미)자를 덧붙인 氣자로 쓰고 있는데, 氣자는 空氣(공기)·煙氣(연기)·水蒸氣(수증기)·氣盡脈盡(기진맥진)·浩然之氣(호연지기)의 말에서 보듯 그 음이 '기' 이다. 气자도 氣(기)자처럼 그 음이 '기' 이다.
气자는 그 뜻과 음을 합쳐 '기운 기' 라 한다.

❀ 부수의 쓰임 气자를 부수로 삼는 한자에는 氣(기운 기)자 단 하나만 자주 쓰이고 있다. 그 외에 气자가 덧붙여져 음의 역할을 하는 한자로는 汽車(기차)의 汽(김 기)자와 敵愾心(적개심)의 愾(성낼 개)자가 있다.

水 4획 물 수 | 氵 삼수변

갑골문	금 문	소 전	예 서

글자의 뿌리 흐르는 물을 표현한 글자이다. 깊은 곳에서 흐르는 물을 주축으로 양쪽에 얕은 곳에서 흐르는 물을 나타냈다.

뜻과 음 흐르는 물을 나타냈기 때문에 水자는 그 뜻이 '물' 이 되었다. 藥水(약수) · 水泳(수영) · 飮料水(음료수) · 地下水(지하수) · 我田引水(아전인수) · 水力發電所(수력발전소)의 말에서 보듯 水자는 그 음이 '수' 이다.

水자는 그 뜻과 음을 합쳐 '물 수' 라 한다.

水자가 글자의 왼쪽에 덧붙여질 때는 氵의 형태로 바뀌어 쓰이는데, 이는 '삼수변' 이라 한다. 그 형태가 세 개의 획(劃)으로 이뤄져 있다 하여 三(석 삼)자의 음 '삼' 에 水자의 음 '수' 와 부수가 글자에서 왼쪽에 사용될 때에 붙이는 명칭 '변' 을 합쳐서 그렇게 부른 것이다.

부수의 쓰임 물은 모든 생물이 생존과 생장을 하는 데 없어서는 안될 물질이다. 따라서 예부터 사람도 물과 밀접한 관계를 맺어 왔다. 그로 인해 水(氵)자를 부수로 삼는 한자는 매우 많은데, 대체적으로 물과 관련된 사물이나 활동 · 상태 · 성질과 관련된 뜻을 지닌다. 다음은 그 뜻의 쓰임에 따라 세 유형으로 나눈 것이다.

① 명사류

(1) 물의 구체적인 명칭과 관련된 한자

渤 (바다 이름 발) 漢 (한수 한) 涇 (강 이름 경)
渭 (강 이름 위) 洛 (강 이름 락) 淮 (강 이름 회)
江 (강 이름 강) 河 (강 이름 하)

(2) 물의 처소에 관련된 한자

海 (바다 해) 洋 (바다 양) 湖 (호수 호)
澤 (못 택) 池 (못 지) 沼 (늪 소)
淵 (못 연) 泉 (샘 천) 源 (수원 원)
溪 (시내 계) 浦 (물가 포) 涯 (물가 애)
漠 (사막 막) 港 (항구 항) 灣 (물굽이 만)
洲 (섬 주) 津 (나루 진)

(3) 물과 관련된 사물을 나타낸 한자

浪 (물결 랑) 波 (물결 파) 濤 (물결 도)
渦 (소용돌이 와) 泡 (거품 포) 沫 (거품 말)
漿 (미음 장) 汁 (즙 즙) 汗 (땀 한)
淚 (눈물 루) 油 (기름 유) 漆 (옻 칠)
汽 (김 기) 派 (물갈래 파) 液 (진 액)
湯 (끓인 물 탕) 潮 (조수 조) 瀑 (폭포 폭)
滴 (물방울 적)

② 동사류

(1) 물의 활동을 나타낸 한자

流 (흐를 류) 漏 (샐 루) 沸 (끓을 비)

滲 (스밀 삼) 滋 (불을 자) 淘 (일 도)
湧 (샘솟을 용) 滔 (물 넘칠 도) 溢 (넘칠 일)
演 (흐를 연) 激 (부딪칠 격) 濫 (넘칠 람)
氾 (넘칠 범) 決 (터질 결)

(2) 물과 관련이 있는 동작을 나타낸 한자

洗 (씻을 세) 沐 (머리 감을 목) 浴 (목욕할 욕)
泳 (헤엄칠 영) 沈 (가라앉을 침) 沒 (가라앉을 몰)
泣 (울 읍) 渴 (목마를 갈) 渡 (건널 도)
沮 (막을 저) 涉 (건널 섭) 浸 (담글 침)
混 (섞을 혼) 游 (놀 유) 測 (잴 측)
滌 (닦을 척) 漁 (고기 잡을 어) 濟 (건널 제)
濯 (빨 탁) 灌 (물댈 관) 瀉 (쏟을 사)
漑 (물댈 개) 注 (물댈 주) 涵 (젖을 함)
潤 (젖을 윤) 溺 (빠질 닉)

③ 형용사류

(1) 물의 상태와 관련된 한자

洪 (큰물 홍) 渺 (아득할 묘) 滿 (찰 만)
永 (길 영) 泰 (클 태) 汎 (뜰 범)
浮 (뜰 부) 消 (사라질 소) 浩 (클 호)
滑 (미끄러울 활) 滯 (막힐 체) 漫 (질펀할 만)
泛 (뜰 범) 深 (깊을 심) 淺 (얕을 천)

(2) 물의 성질과 관련된 한자

濃 (짙을 농) 淡 (묽을 담) 淸 (맑을 청)
渾 (흐릴 혼) 濕 (축축할 습) 濁 (흐릴 탁)
汚 (더러울 오) 淑 (맑을 숙) 淨 (깨끗할 정)
溫 (따뜻할 온) 潔 (깨끗할 결)

火 4획 불 화 | 灬 연화발

갑골문	금 문	소 전	예 서

글자의 뿌리 타오르는 불을 표현한 글자이다. 가운데는 크게 타오르는 불꽃을, 양쪽은 작게 타오르는 불꽃을 나타낸 것이다.

뜻과 음 불을 나타냈기 때문에 火자는 그 뜻이 '불'이 되었다.
火山(화산)·火力(화력)·火爐(화로)·火傷(화상)·火災(화재)·火田民(화전민)·風前燈火(풍전등화)에서 보듯 火자는 그 음이 '화'이다. 火자는 그 뜻과 음을 합쳐 '불 화'라 한다.
火자가 글자의 아래쪽에 사용될 때는 灬의 형태로 바뀌어 쓰이기도 하는데, 이는 '연화발'이라 한다. '연화발'은 火자의 음(音) '화'를 중심으로 그 형태가 네 개의 점으로 이어져 있다 하여 '잇다'의 뜻을 지닌 連結(연결)의 連자의 음 '연'을 앞에 붙이고, 부수가 글자에서 아래쪽에 사용될 때의 명칭 '발'을 뒤에 붙여 부른 것이다.

부수의 쓰임 불은 물체가 탈 때에 나는 열과 빛을 가진 일종의 기체(氣體)로 인류에게 소중한 에너지를 공급한다. 때문에 비교적 많은 한자가 火(灬)자를 부수로 삼고 있다. 그런 한자는 주로 불과 관련된 현상이나 사물 등과 관계된 뜻을 지니는데, 그 뜻을 구분하면 다음 세 유형으로 볼 수 있다.

① 불의 특성이나 관련된 현상을 나타내는 한자

燃 (사를 연)	燒 (사를 소)	焚 (불사를 분)
灼 (사를 작)	爆 (터질 폭)	熄 (꺼질 식)
炎 (불탈 염)	烈 (세찰 렬)	焦 (그을릴 초)
照 (비출 조)	炫 (빛날 현)	煤 (그을음 매)
煖 (따뜻할 난)	煙 (연기 연)	災 (재앙 재)
煥 (불꽃 환)	熙 (빛날 희)	熱 (더울 열)
焰 (불 당길 염)	燥 (마를 조)	燦 (빛날 찬)
熟 (익을 숙)	烝 (김 오를 증)	

② 불과 관련된 사물을 나타내는 한자

炭 (숯 탄)	灰 (재 회)	炬 (횃불 거)
炷 (심지 주)	燈 (등불 등)	燭 (촛불 촉)
爐 (화로 로)	烽 (봉화 봉)	

③ 불과 관련된 활동을 나타내는 한자

煉 (불릴 련)	熔 (녹일 용)	炙 (고기 구울 적 〔자〕)
煎 (달일 전)	炒 (볶을 초)	炊 (불 땔 취)
灸 (뜸 구)	烹 (삶을 팽)	煮 (삶을 자)
煽 (부칠 선)		

그 외에 火자는 烏(까마귀 오)·焉(어찌 언)·無(없을 무)·燕(제비 연)·爲(할 위)자의 부수가 된다. 그러나 이들 한자는 불과 관련이 없고, 글자의 일부가 연화발과 닮아 편의상 그 부수에 포함됐을 뿐이다.

白 5획 흰 백

갑골문	금 문	소 전	예 서

❀글자의 뿌리 막 떠오르는 해를 표현한 글자로 보인다.

❀뜻과 음 해가 막 떠오를 때에 빛과 관련하여 白자는 그 뜻이 '희다' 가 된 것으로 여겨진다. 실제로 해에서 '희다' 란 말이 생겼으며, 빛의 삼원색(三原色)을 합치면 흰색이 되고, 해의 색깔도 붉은색이 아니라 흰색이다.

白자는 白馬(백마) · 白鳥(백조) · 白沙場(백사장) · 白衣民族(백의민족) · 白手乾達(백수건달)의 말에서 보듯 그 음이 '백' 이다.

白자는 그 뜻과 음을 합쳐 '흰 백' 이라 한다.

❀부수의 쓰임 白자를 부수로 삼는 한자로는 皓(휠 호) · 皎(달빛 교) · 百(일백 백) · 的(과녁 적) · 皆(다 개) · 皇(임금 황)자 등이 있다.

아울러 白자는 다른 글자에 덧붙여져 음의 역할을 하는 한자가 적지 않다. 이를 그 음에 따라 구분해 살펴보면 다음과 같다.

① '백'으로 읽히는 한자

伯 (맏 백) 柏 (나무 이름 백) 魄 (넋 백)
帛 (비단 백) 百 (일백 백) 栢 (나무 이름 백)
佰 (일백 백)

② '박'으로 읽히는 한자

迫 (닥칠 박) 舶 (큰 배 박) 拍 (칠 박)
箔 (발 박) 泊 (배댈 박) 珀 (호박 박)
粕 (지게미 박)

그 외에 그 음이 약간 더 변화됐지만 碧(푸를 벽)자나 貊(북방종족 맥)자도 白자가 음의 역할을 한다.

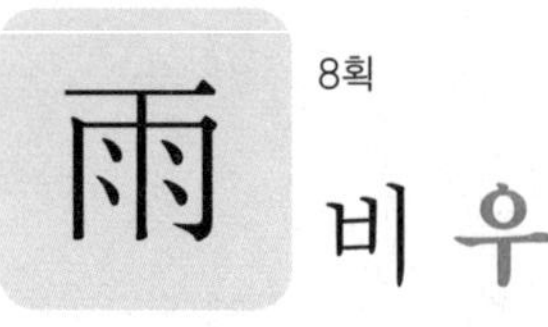

8획

雨 비 우

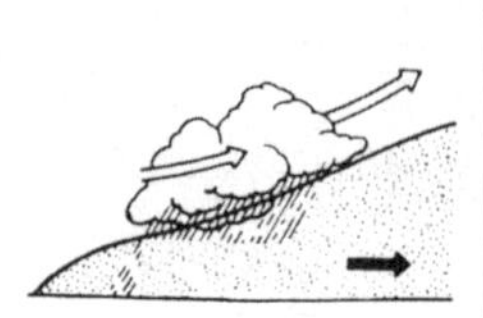

갑골문	금 문	소 전	예 서

❀글자의 뿌리 하늘에서 떨어지는 비를 표현한 글자이다. 아래에 보이는 점(點)들이 빗방울이며, 위에 보이는 선(線)이 하늘을 나타냈다.

❀뜻과 음 비를 나타냈기 때문에 雨자는 그 뜻이 '비' 가 되었다. 雨傘(우산)·暴雨(폭우)·測雨器(측우기)·祈雨祭(기우제)·雨後竹筍(우후죽순)의 말에서 보듯 雨자는 그 음이 '우' 이다.
雨자는 그 뜻과 음을 합쳐 '비 우' 라 한다.

❀부수의 쓰임 雨자 부수에 속하는 한자는 비처럼 기상(氣象)의 변화에 의해 일어나는 현상과 관계된 뜻을 지닌다. 다음은 그런 한자이다.

雪 (눈 설)
雰 (안개 분)
雲 (구름 운)
雷 (우뢰 뢰)
雹 (우박 박)
電 (번개 전)
震 (벼락 진)
霎 (가랑비 삽)
霜 (서리 상)
霞 (놀 하)
霧 (안개 무)
露 (이슬 로)
霰 (싸라기눈 산)
霹 (벼락 벽)
靂 (벼락 력)
靄 (아지랑이 애)

제 13 장

지역(지형) 관련 부수

사람은 수렵(狩獵)이나 채취(採取) 활동을 하며 살다가 정착생활(定着生活)을 하면서 농사(農事)를 짓고 살았다. 농경사회(農耕社會)에 들어서면서 생존(生存)을 위해 결국 일정한 지역이 필요하게 되었고, 바로 그 지역에서 맹수(猛獸)나 적(敵)이 되는 집단(集團)을 상대(相對)하며 뭉쳐 살았다.

다음에서는 바로 그 지역(지형)과 관련되어 이뤄진 부수인 田(밭 전) · 穴(구멍 혈) · 行(다닐 행) · 谷(골 곡) · 邑(고을 읍) · 里(마을 리) · 阜(언덕 부) · 冂(멀 경) · 凵(입 벌릴 감) · 匸(감출 혜) · 厂(언덕 한) · 囗(에울 위) · 廴(길게 걸을 인) · 彳(자축거릴 척) · 辵(쉬엄쉬엄 갈 착)자에 대해 살펴보기로 하겠다.

5획

밭 전

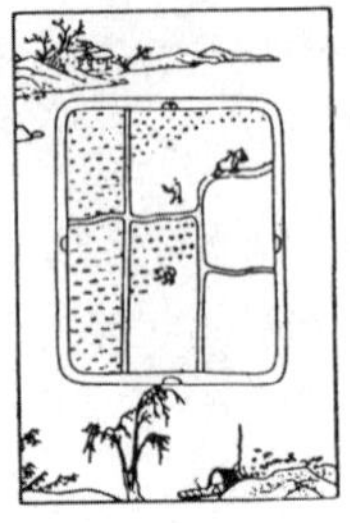

갑골문	금 문	소 전	예 서

글자의 뿌리 경계(境界)가 지어진 밭을 표현한 글자이다.

뜻과 음 밭을 나타냈기 때문에 田자는 그 뜻이 '밭' 이 되었다.
田畓(전답)·田園(전원)·鹽田(염전)·油田(유전)·火田民(화전민)·桑田碧海(상전벽해)·我田引水(아전인수)에서 보듯 田자는 그 음이 '전' 이다.
田자는 그 뜻과 음을 합쳐 '밭 전' 이라 한다.

부수의 쓰임 田자를 부수로 삼는 한자는 대체로 농토(農土)와 관련된 뜻을 지닌다. 다음은 그런 한자이다.

男 (사내 남)	留 (머무를 류)	當 (당할 당)
町 (밭두둑 정)	畔 (두둑 반)	畿 (경기 기)
界 (지경 계)	略 (다스릴 략)	疆 (지경 강)
畓 (논 답)	畸 (뙈기밭 기)	疇 (밭두둑 주)

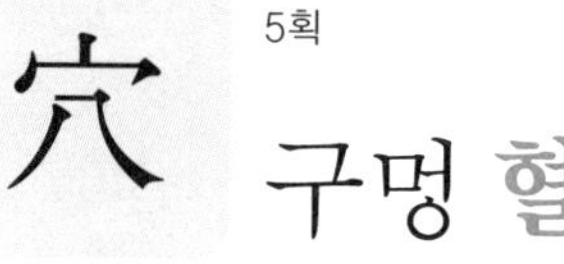

5획

구멍 혈

갑골문	금 문	소 전	예 서

글자의 뿌리　구멍이 난 굴을 표현한 글자이다.

뜻과 음　굴의 구멍에서 穴자는 그 뜻이 '구멍' 이 되었다. 虎穴(호혈)・經穴(경혈)・墓穴(묘혈)・六穴砲(육혈포)・偕老同穴(해로동혈)・穴居生活(혈거생활)의 말에서 보듯 穴자는 그 음이 '혈' 이다. 穴자는 그 뜻과 음을 합쳐 '구멍 혈' 이라 한다.

부수의 쓰임　穴자 부수에 속하는 한자는 일반적으로 동굴이나 구멍과 관련되어 이뤄진 뜻을 지니고 있다. 다음은 그런 한자이다.

穽 (허방다리 정)	突 (갑자기 돌)	窮 (다할 궁)
窓 (창 창)	穿 (뚫을 천)	竄 (숨을 찬)
窟 (굴 굴)	窈 (그윽할 요)	竊 (훔칠 절)
窯 (기와 굽는 가마 요)	窕 (정숙할 조)	窄 (좁을 착)
究 (궁구할 구)	窒 (막을 질)	竈 (부엌 조)
空 (빌 공)	窘 (막힐 군)	

行

6획

다닐 행

갑골문	금 문	소 전	예 서

❀글자의 뿌리 사방(四方)으로 트인 사거리를 표현한 글자이다.

❀뜻과 음 사거리는 사람들이 자주 다니는 장소가 된다. 따라서 사거리의 형태에서 비롯된 行자는 '다니다'의 뜻을 지니게 되었다. 行人(행인)·尾行(미행)·急行(급행)·飛行機(비행기)·行方不明(행방불명)·行旅病者(행려병자)의 말에서 보듯 行자는 그 음이 '행'이다. 行자는 그 뜻과 음을 합쳐 '다닐 행'이라 한다.

나아가 형제(兄弟)나 자매(姉妹)의 관계처럼 같은 서열임을 의미하는 行列(항렬)이란 말에서 보듯 行자는 '항'의 음으로도 읽힌다.

❀부수의 쓰임 行자 부수에 속하는 한자는 흔히 길과 관련되어 이뤄진 뜻을 지닌다. 다음은 그런 한자이다.

衍 (넘칠 연) 街 (거리 가) 衛 (지킬 위)
術 (꾀 술) 衙 (마을 아) 衡 (저울대 형/가로 횡)
衒 (발보일 현) 衝 (찌를 충) 衢 (네거리 구)

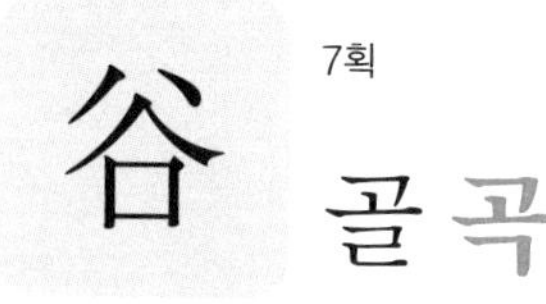

7획

谷 골 곡

갑골문	금 문	소 전	예 서

글자의 뿌리 두 산 사이의 골(골짜기)로부터 물이 흘러나오는 모양과 물이 흐르는 곳을 표현한 글자이다.

뜻과 음 골(골짜기)를 나타냈기 때문에 谷자는 그 뜻이 '골(골짜기)' 이 되었다.

溪谷(계곡) · 峽谷(협곡) · 谷風(곡풍) · 深山幽谷(심산유곡) · 進退維谷(진퇴유곡)의 말에서 보듯 谷자는 그 음이 '곡' 이다.

谷자는 그 뜻과 음을 합쳐 '골 곡' 이라 한다.

부수의 쓰임 谷자 부수에 속하면서 비교적 자주 사용되는 한자로는 谿谷(계곡)의 谿(시내 계)자와 豁達(활달)의 豁(뚫린 골 활)자가 있다. 그 외에 谷자는 俗(풍습 속) · 浴(목욕할 욕) · 欲(하고자 할 욕) · 慾(욕심 욕) · 裕(넉넉할 유)자의 구성에 도움을 주면서 음의 역할을 하기도 한다.

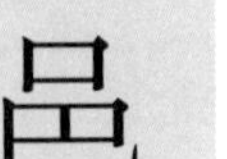

7획

고을 읍 | 阝 우부방

갑골문	금 문	소 전	예 서

❀글자의 뿌리 일정하게 경계 그어진 지역과 꿇어앉아 있는 사람이 어우러진 모습을 표현한 글자이다.

❀뜻과 음 주위를 방비(防備)하기 위해 경계 그어진 땅이 있고, 그 안에서 생활하는 사람이 있으므로 邑자는 그 뜻이 사람이 사는 땅과 관련하여 '고을' 이 되었다.

邑長(읍장) · 邑里(읍리) · 邑內(읍내) · 邑民(읍민) · 都邑地(도읍지) · 邑事務所(읍사무소)의 말에서 보듯 邑자는 그 음이 '읍' 이다.

邑자는 그 뜻과 음을 합쳐 '고을 읍' 이라 한다.

邑자가 글자에 덧붙여질 때는 阝의 형태로 변화되어 쓰이는데, 이는 阜(언덕 부)자의 변화된 형태로 '좌부방' 이라 하는 阝(좌부방)과 그 모양이 같다. 그러나 阜(언덕 부)자가 변화된 阝(좌부방)이 글자에서 항상 왼쪽에 덧붙여지는 것과 달리, 邑자가 변화된 阝은 글자에서 항상 오른쪽에 붙여 쓰이므로 오른쪽을 뜻하는 右(오른

우)자의 음 '우'를 덧붙여 '우부방'이라 한다.

부수의 쓰임 邑(阝)자 부수에 속하는 한자는 대체로 나라나 고을 이름에 관련된 명칭과 일정한 구역에 관련된 명칭의 뜻을 지닌다. 이를 나눠 살펴보면 다음과 같다.

① 나라나 고을 이름에 관련된 명칭

鄭 (나라 이름 정)
邱 (땅 이름 구)
那 (나라 이름 나/어찌 나)
邪 (고을 이름 야/간사할 사)
郎 (땅 이름 랑/사나이 랑)
部 (땅 이름 부/거느릴 부)

② 일정한 구역에 관련된 명칭

邦 (나라 방)
郡 (고을 군)
都 (도읍 도)
郊 (성 밖 교)
郭 (성곽 곽)
鄉 (시골 향)
邸 (집 저)
郵 (역참 우)
鄙 (마을 비/다라울 비)

7획

里 마을 리

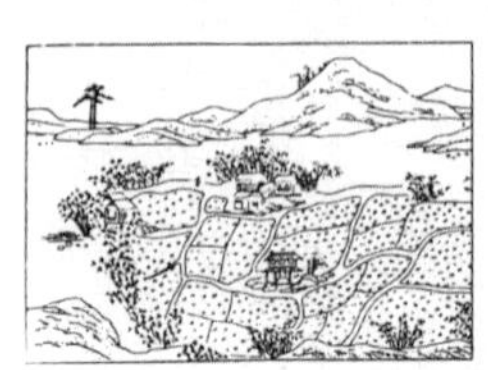

갑골문	금 문	소 전	예 서

글자의 뿌리 사람이 농사를 지을 수 있는 땅과 사람이 집을 지어 살 수 있는 땅이 어우러져 표현된 글자이다. 농사짓는 곳은 田(밭 전)자로, 집 짓는 곳은 土(흙 토)자로 나타냈다.

뜻과 음 농사를 지을 수 있는 곳과 집을 지을 수 있는 곳에 마을이 만들어지기 때문에 里자는 그 뜻이 '마을' 이 되었다.

洞里(동리) · 鄕里(향리) · 邑里(읍리) · 村里(촌리) · 三千里江山(삼천리강산)의 말에서 보듯 里자는 그 음이 '리' 이다.

里자는 그 뜻과 음을 합쳐 '마을 리' 라 한다.

나아가 里자는 里長(이장)자나 里程標(이정표)의 말에서 보듯 말의 맨 앞에 사용될 때에 '이' 의 음으로도 읽힌다.

부수의 쓰임 里자 부수에 속하는 한자로는 重(무거울 중) · 野(들 야) · 量(헤아릴 량) · 釐(다스릴 리)자가 있다. 그 가운데 釐자는 里자가 음의 역할을 하는데, 理(다스릴 리) · 裏(속 리=裡) · 浬(해리 리) · 鯉(잉어 리)자도 里자가 음의 역할을 한다.

8획

阜 언덕 부 | 阝 좌부방

갑골문	금 문	소 전	예 서

글자의 뿌리 층층이 진 언덕을 표현한 글자이다.

뜻과 음 언덕을 나타냈기 때문에 阜자는 그 뜻이 '언덕'이 되었다. 阜자는 埠(부두 부)자에 덧붙여져 음의 역할을 하는데, 埠頭(부두)의 埠자처럼 그 음이 '부'이다.

阜자는 그 뜻과 음을 합쳐 '언덕 부'라 한다.

阜자가 글자에 덧붙여질 때는 阝의 형태로 쓰이는데, 항상 글자에서 왼쪽에만 덧붙여지므로 阜자의 음 '부'에 왼쪽을 뜻하는 左(왼 좌)자의 음 '좌'와 다른 글자에 덧붙여질 때의 명칭 '방'을 앞뒤에 합쳐 '좌부방'이라 한다.

부수의 쓰임 阜(阝)자 부수에 속하는 한자는 대개 높은 언덕이나 높낮이에 관계되는 땅의 상태와 관련된 뜻을 지닌다. 다음은 그런 한자이다.

防 (막을 방)	院 (담 원)	階 (섬돌 계)
降 (내릴 강(항))	陣 (진칠 진)	障 (가로막을 장)
限 (지경 한)	陳 (늘어놓을 진)	隣 (이웃 린)
除 (덜 제)	陵 (언덕 릉)	隨 (따를 수)
陰 (그늘 음)	陶 (질그릇 도)	隔 (사이 뜰 격)
陸 (뭍 륙)	陷 (빠질 함)	險 (험할 험)
陽 (볕 양)	隆 (클 륭)	隱 (숨길 은)
附 (붙을 부)	隊 (대 대)	

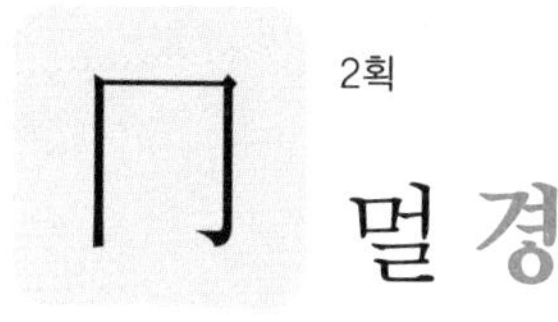

2획

冂 멀 경

갑골문	금 문	소 전	예 서

❀ 글자의 뿌리 양쪽으로 멀리 펼쳐져 있는 경계를 나타낸 것으로 보이는 ｜｜의 형태와, 그 경계의 끝을 나타낸 것으로 보이는 一의 형태가 어우러진 글자이다.

❀ 뜻과 음 펼쳐져 있는 경계가 멀다 하여 冂자는 그 뜻이 '멀다' 가 되었다. 나아가 冂자는 口의 형태를 덧붙여 冋(멀 경)자로도 쓰이는데, 冋자는 다시 인명용 한자에 속하는 坰(들 경)자에서 음의 역할을 한다. 冂자는 바로 그 坰(들 경)자와 똑같이 그 음이 '경' 이다.
따라서 冂자는 그 뜻과 음을 합쳐 '멀 경' 이라 한다.

❀ 부수의 쓰임 冂자 부수에 속하면서 비교적 자주 사용되는 한자로는 冊(책 책)·再(두 재)·冒(무릅쓸 모)·冑(투구 주)·冕(면류관 면)자 등이 있다. 그 가운데 冒·冑·冕자는 그 글자의 구성이 冂자와 관련이 없이 冖(덮을 멱)자와 관련이 있다.

2획

凵 입 벌릴 감

갑골문	금 문	소 전	예 서

글자의 뿌리 땅이 푹 꺼져 들어간 구덩이를 표현한 글자로 보인다.(그러나 상황에 따라 흙을 담는 광주리나 물건을 담는 그릇으로 보기도 한다)

뜻과 음 구덩이가 위를 향해 입을 벌리고 있다 하여 凵자는 그 뜻이 '입 벌리다' 가 되었다.

凵자는 문자(文字)로서 역할을 하지 않는다. 때문에 어휘를 통해 그 음을 살펴볼 수 없지만 '감' 의 음을 지닌 글자이다.

따라서 凵자는 그 뜻과 음을 합쳐 '입 벌릴 감' 이라 한다.

부수의 쓰임 凵자 부수에 속하는 한자로는 凹凸(요철)의 凹(오목할 요)자와 凸(볼록할 철)자, 그리고 吉凶(길흉)의 凶(흉할 흉)자와 出入(출입)의 出(날 출)자와 投票函(투표함)의 函(함 함)자가 있다.

匸 2획

감출 혜

갑골문	금 문	소 전	예 서

글자의 뿌리 위는 가리어 덮고 있음을 표현하고, 아래는 무언가 숨겨 감추는 곳을 표현한 글자로 보인다.

뜻과 음 무언가 숨겨 감추는 곳을 표현했기 때문에 匸자는 그 뜻이 '감추다' 가 되었다.
匸자는 부수로만 사용되는 글자로, 그 음은 '혜' 이다.
따라서 匸자는 그 음과 뜻을 합쳐 '감출 혜' 라 한다.

부수의 쓰임 匸자를 부수로 삼는 한자에는 配匹(배필)의 匹(필 필), 區分(구분)의 區(지경 구), 隱匿(은닉)의 匿(숨을 닉)자 정도가 비교적 자주 사용되고 있다.

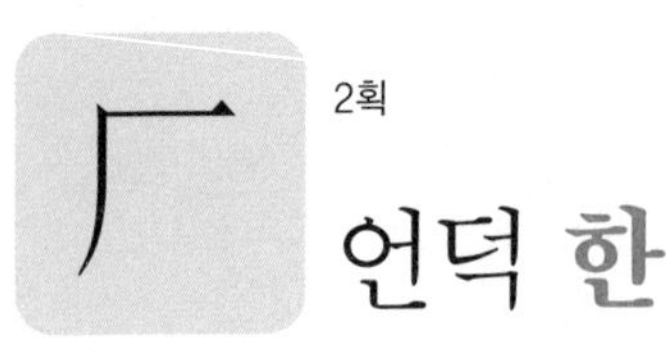

2획

厂 언덕 한

갑골문	금 문	소 전	예 서

글자의 뿌리 위는 오른쪽으로 바위가 약간 나와 있고, 그 아래는 사람이 살 수 있는 빈 굴이 있는 모습의 비탈진 언덕을 표현한 글자이다.

뜻과 음 언덕과 관련하여 이뤄진 글자이기 때문에 厂자는 그 뜻이 '언덕'이 되었다.

厂자는 부수의 역할만 하는 글자로 그 음이 '한'이다.

따라서 厂자는 그 뜻과 음을 합쳐 '언덕 한'이라 한다.

아울러 厂자는 굴이 바위로 이뤄진 글자이기도 하므로 '굴 바위'의 뜻을 지니기도 하는데, 이 때는 그 음을 '엄'으로 읽는다.

부수의 쓰임 厂자 부수에 속하는 한자는 그 뜻이 대부분 바위나 집과 관련이 있다. 다음은 그런 한자이다.

厄 (재앙 액)	原 (근원 원)	廚 (부엌 주)
厐 (클 방)	厭 (싫을 염)	
厚 (두터울 후)	厠 (뒷간 측)	

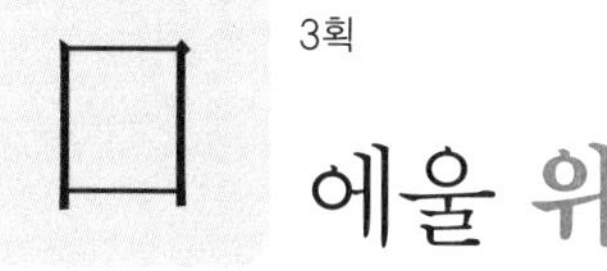

3획

口 에울 위

갑골문	금 문	소 전	예 서

글자의 뿌리　일정한 경계를 가지고 에워 두른 지역을 표현한 글자이다.

뜻과 음　에워 두른 지역과 관련하여 口자는 그 뜻이 '에우다' 가 되었다. 口자는 후에 음(音)을 나타내는 韋(다룬 가죽 위)자를 덧붙인 圍(에울 위)자로 쓰이게 되는데, 圍자는 包圍(포위) · 周圍(주위) · 範圍(범위)의 말에서 보듯 그 음이 '위' 이다. 부수의 역할을 하는 口자 역시 그 음이 '위' 이다.
따라서 口자는 그 뜻과 음을 합쳐 '에울 위' 라 한다.

부수의 쓰임　口자 부수에 속하는 한자는 대개 일정하게 경계를 두르고 있는 모습과 관련된 뜻을 지닌다. 다음은 그런 한자이다.

囚 (가둘 수)
因 (인할 인)
困 (곤할 곤)
固 (굳을 고)
囹 (옥 령)
圄 (옥 어)
圃 (밭 포)
國 (나라 국)
圈 (우리 권)
圍 (둘레 위)
圓 (둥글 원)
園 (동산 원)
團 (둥글 단)

3획

길게 걸을 인

갑골문	금 문	소 전	예 서

글자의 뿌리 길을 표현한 글자이다. 사거리를 나타낸 行(다닐 행)자의 왼쪽 절반 형태인 彳(자축거릴 척)자의 아래쪽 필획(筆劃)을 약간 길게 변화시켜 놓은 것이다.

뜻과 음 길에서 비롯된 廴자에 대해 옛날 사람들은 발에서 비롯된 글자로 보았다. 따라서 廴자는 그 뜻이 발과 관련하여 '길게 걷다' 가 되었다.
廴자는 부수의 역할만 하는데 그 음이 '인' 이다.
廴자는 그 뜻과 음을 합쳐 '길게 걸을 인' 이라 한다.

부수의 쓰임 흔히 거리와 관련된 뜻을 지닌 한자에 덧붙여지는 廴자는 辶(책받침)과 글자의 형태나 의미가 서로 비슷하기 때문에 서로 바꿔 쓰이기도 했다. 그런 변화가 있어서인지 오늘날 廴자를 부수로 삼는 한자는 그다지 많지 않다. 延(끌 연)·廷(조정 정)·建(세울 건)·廻(돌 회)자가 비교적 자주 사용되고 있을 뿐이다.

彳 3획

자축거릴 척

갑골문	금 문	소 전	예 서

글자의 뿌리 길을 표현한 글자이다. 사거리에서 비롯된 行(다닐 행)자의 절반만 나타냈다.

뜻과 음 길에서 비롯된 彳자에 대해 옛날 쓰여진 문자(文字)를 살펴보지 못한 사람들은 발에서 비롯된 글자로 보았다. 따라서 彳자는 그 뜻이 발과 관련하여 가볍게 절뚝거리며 걷는다는 말인 '자축거리다'가 되었다. 彳자는 부수의 역할만 하는 글자로 그 음이 '척'이다. 따라서 彳자는 그 뜻과 음을 합쳐 '자축거릴 척'이라 한다.

부수의 쓰임 彳자 부수에 속하는 한자는 대체로 거리와 관련되어 이뤄진 뜻을 지닌다. 다음은 그 부수에 속하는 한자이다.

彷 (거닐 방)	後 (뒤 후)	徙 (옮길 사)
役 (부릴 역)	徑 (지름길 경)	御 (어거할 어)
往 (갈 왕)	徒 (무리 도)	從 (좇을 종)
征 (칠 정)	徐 (천천할 서)	復 (돌아올 복)
待 (기다릴 대)	得 (얻을 득)	循 (좇을 순)
徊 (노닐 회)	徘 (노닐 배)	徨 (노닐 황)

7획

쉬엄쉬엄 갈 착 | 辶 책받침

갑골문	금 문	소 전	예 서

글자의 뿌리 길(彳)에 사람의 발(止)이 있음을 표현한 글자이다.

뜻과 음 길과 발에서 비롯된 辵자는 사람의 발이 길을 쉬엄쉬엄 걸어 간다하여 그 뜻이 '쉬엄쉬엄 가다'가 되었다.
辵자는 부수로만 쓰이는 글자로 그 음이 '착'이다.
따라서 辵자는 그 뜻과 음을 합쳐 '쉬엄쉬엄 갈 착'이라 한다.
그런데 오늘날 辵자는 변화된 형태인 辶으로 흔히 쓰이고 있다.
辶은 그 명칭을 '책받침'이라 하는데, 이는 '착받침'이 잘못 불려진 것이다. 그 본래의 형태인 辵자의 음 '착'과 그 형태가 다른 글자에 덧붙여질 때는 받침 역할을 하기 때문에 '받침'을 합쳐 '착받침'으로 불리던 것이 오늘날 '책받침'으로 잘못 불려진 것이다.

부수의 쓰임 辵(辶)자 부수에 속하는 한자는 주로 길에서 일어나는 동작과 관련이 있으며, 간혹 길이나 길의 상태와 관련이 있는 뜻을 지닌다.

① 길에서 일어나는 동작과 관련된 한자

返 (돌아올 반)
述 (지을 술)
逆 (거스를 역)
逢 (만날 봉)
通 (통할 통)
逸 (달아날 일)
逮 (미칠 체)
退 (물러날 퇴)
迎 (맞이할 영)
遁 (달아날 둔)
違 (어길 위)
遑 (허둥거릴 황)
遞 (갈마들 체)
遭 (만날 조)
逡 (좇을 준)
邁 (갈 매)
邂 (만날 해)

迦 (막을 가)
迭 (갈마들 질)
迷 (미혹될 미)
造 (지을 조)
透 (통할 투)
週 (돌 주)
過 (지날 과)
逝 (갈 서)
逃 (달아날 도)
遇 (만날 우)
遊 (놀 유)
遣 (보낼 견)
遯 (달아날 둔)
遮 (막을 차)
遷 (옮길 천)
邀 (맞을 요)
還 (돌아올 환)

迫 (닥칠 박)
送 (보낼 송)
連 (잇달을 련)
逐 (쫓을 축)
逋 (달아날 포)
進 (나아갈 진)
達 (통할 달)
逍 (거닐 소)
追 (쫓을 추)
運 (운전할 운)
逼 (죄어칠 핍)
遡 (거슬러 올라갈 소)
適 (갈 적)
遺 (끼칠 유)
選 (가릴 선)
避 (피할 피)
邏 (돌 라)

② 길이나 길의 상태와 관련된 한자

道 (길 도)
邊 (가 변)
遠 (멀 원)
遼 (멀 료)
迅 (빠를 신)

途 (길 도)
迂 (멀 우)
遐 (멀 하)
邈 (멀 막)
遲 (늦을 지)

迹 (자취 적)
近 (가까울 근)
遙 (멀 요)
速 (빠를 속)

제 14 장 숫자나 필획 관련 부수

옛날 사람들은 어떤 물체(物體)의 수(數)를 문자(文字)로 나타내고 싶으면 그 물체를 수만큼 그려서 표현했다. 그러나 물체를 그대로 표현할 수 없는 하루나 이틀과 같은 개념(槪念)은 문자로 나타낼 수가 없었다. 따라서 옛날 사람들은 이에 대한 문제를 해결하기 위해 많은 시간에 걸쳐 고민을 거듭했다. 그러다 비로소 추상적(抽象的)인 형태의 반듯한 획(劃)으로 수를 나타내는 방법을 쓰게 되었다.

바로 그런 수와 단지 글자 구성에 도움만 주는 필획(筆劃) 관련 부수인 一(한 일)·二(두 이)·八(여덟 팔)·十(열 십)·丨(뚫을 곤)·丶(불똥 주)·丿(삐칠 별)·亅(갈고리 궐)자에 대해 살펴보기로 하겠다.

一

1획

한 일

갑골문	금 문	소 전	예 서
一	一	一	一

❀ 글자의 뿌리 반듯하게 그어진 선(線) 하나를 표현한 글자이다.

❀ 뜻과 음 선을 하나로 나타냈기 때문에 一자는 그 뜻이 '하나'가 되었다. 一等(일등)·一位(일위)·一年(일년)·一流大(일류대)·一等兵(일등병)·一學年(일학년)·一口二言(일구이언)·一石二鳥(일석이조)의 말에서 보듯 一자는 그 음이 '일'이다.

따라서 一자는 그 뜻과 음을 합쳐 '한 일'이라 한다. 一자의 뜻 '하나'가 다른 말과 어울릴 때는 '한 명'이나 '한 개'에서 보듯 '한'으로 바뀌기 때문에 一자를 '하나 일'이라 하지 않고 '한 일'이라 한 것이다.

❀ 부수의 쓰임 一자 부수에 속하는 한자는 一자가 그 글자의 뜻이나 음에 영향을 미치지 않는다. 다음은 그런 한자이다.

丁 (넷째 천간 정)
七 (일곱 칠)
丈 (어른 장)
不 (아닐 불)
丑 (둘째지지 축)
丘 (언덕 구)
丙 (셋째 천간 병)
世 (대 세)
且 (또 차)

산가지로 살펴 본 숫자

옛날에 쓰인 한자로 살펴 본 숫자

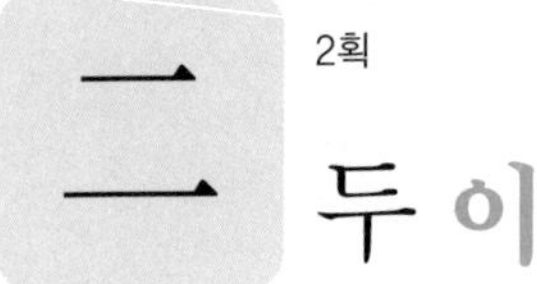

2획

두 이

갑골문	금 문	소 전	예 서

글자의 뿌리 원래 길이에 구분이 없이 가로로 된 선(線)을 둘로 표현한 글자였다가 후에 위쪽의 횡(横)이 약간 짧은 횡으로 바뀌었다.

뜻과 음 선이 둘인 모습에서 二자는 그 뜻이 '둘' 이 되었다.

二年(이년) · 二月(이월) · 二十(이십) · 二學年(이학년) · 二毛作(이모작) · 二重唱(이중창) · 唯一無二(유일무이)의 말에서 보듯 二자는 그 음이 '이' 이다.

二자는 그 뜻과 음을 합쳐 '두 이' 라 한다. 二자의 뜻 '둘' 이 다른 말과 어울릴 때는 '두 번' 이나 '두 개' 에서 보듯 '두' 로 읽힌다.

부수의 쓰임 二자를 부수로 삼는 한자로는 五(다섯 오) · 于(어조사 우) · 云(이를 운) · 互(서로 호) · 亞(버금 아) · 井(우물 정) · 些(적을 사)자가 있다. 些자를 제외하고 모두 수(數)를 나타내는 二자와 관계없이 그 부수에 포함된 한자이다.

八 2획 여덟 팔

갑골문	금 문	소 전	예 서
)(	八	)(	八

글자의 뿌리 무언가 둘로 나눠진 모습을 표현한 글자이다.

뜻과 음 나눠진 모습에서 비롯된 八자는 分(나눌 분)자나 半(절반 반)자에서 살펴볼 수 있듯 원래 나눈다는 뜻을 지녔다. 그러나 문자(文字)를 많이 만들어 사용하지 않았던 옛날 사람들이 '여덟'을 나타내는 글자로 八자를 빌어다 썼다. 따라서 오늘날 八자는 '여덟'의 뜻을 지니게 되었다.

八자는 八月(팔월) · 八字(팔자) · 八等身(팔등신) · 八角亭(팔각정) · 八道江山(팔도강산) · 八方美人(팔방미인)의 말에서 보듯 그 음이 '팔'이다. 八자는 그 뜻과 음을 합쳐 '여덟 팔'이라 한다.

나아가 八자는 初八日(초파일 ← 초팔일)이란 말에서 보듯 그 음이 '파'로도 읽힌다.

부수의 쓰임 八자 부수에 속하는 한자는 公(공변될 공) · 六(여섯 륙) · 共(함께 공) · 兵(군사 병) · 具(갖출 구) · 其(그 기) · 典(법 전) · 兼(겸할 겸)자 등이 있다. 그 가운데 公자를 제외한 모든 한자는 八자가 그 뜻에 영향을 미치지 않는다.

2획

열 십

갑골문	금 문	소 전	예 서

❀글자의 뿌리 원래 위에서 아래로 곧게 그은 세로의 한 선(線)으로 나타내다가 나중에 중간 부분이 두툼하게 변하고, 다시 그 부분이 작은 한 선으로 발전된 모습을 표현한 글자이다.

❀뜻과 음 옛날부터 가로의 선으로는 一(일) · 二(이) · 三(삼)자를 만들어 썼으며, 다시 세로의 선이 포함된 十(열 십)자로는 열을, 廿(스물 입)자로는 스물을, 卅(서른 삽)자로는 서른을 뜻하는 글자를 만들어 썼다. 그러나 廿(입)자나 卅(삽)자는 오늘날 거의 쓰이지 않고, '열' 을 뜻하는 十(열 십)자만 흔히 쓰이고 있다.

十日(십일) · 十分(십분) · 十字架(십자가) · 十誡命(십계명) · 十中八九(십중팔구) · 十年減壽(십년감수)의 말에서 보듯 十자는 그 음이 '십' 이다. 十자는 그 뜻과 음을 합쳐 '열 십' 이라 한다.

나아가 十月(시월 ← 십월)을 '시월' 로 읽는 말에서 보듯 十자는 그 음이 '시' 로 읽힐 때도 있다.

❀부수의 쓰임 十자 부수에 속하면서 비교적 자주 사용되는 한자는 다음과 같다.

千 (일천 천)	卍 (만자 만)	卓 (높을 탁)
升 (되 승)	卉 (풀 훼)	協 (도울 협)
午 (일곱째 지지 오)	卑 (낮을 비)	南 (남녘 남)
半 (반 반)	卒 (군사 졸)	博 (넓을 박)

위에 보이는 한자 가운데 協자와 博자만 十자의 영향을 받아 그 뜻이 이뤄졌다. 아울러 十자는 什長(십장)의 什(열사람 십〔집〕)자와 果汁(과즙)의 汁(즙 즙)자에서 음의 역할을 한다.

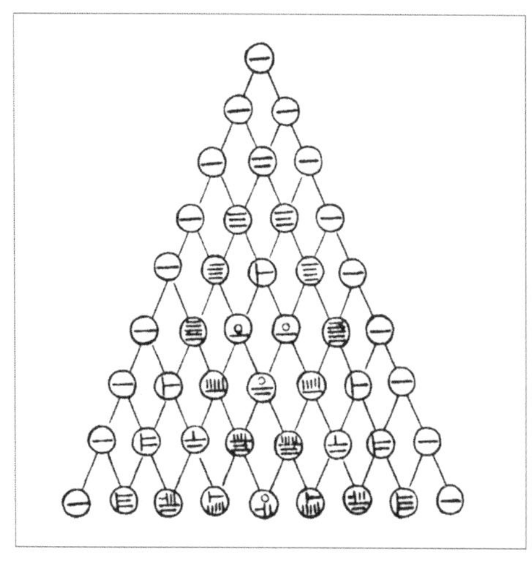

옛날에 수를 셈하는 방법

丨

1획

뚫을 곤

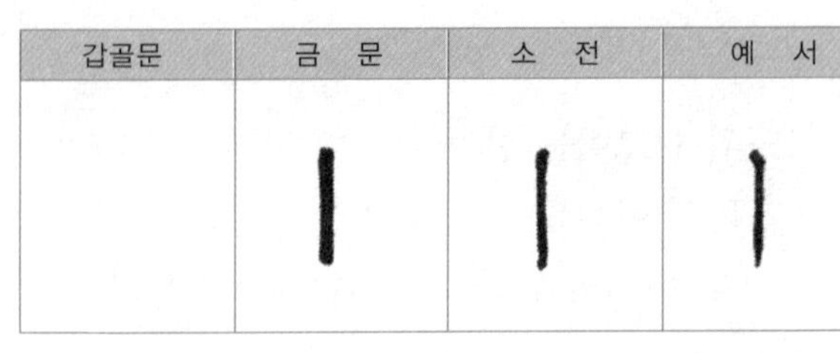

❀글자의 뿌리 서로 통하도록 위에서 아래로, 또는 아래에서 위로 뚫는 모습을 반듯하게 세워진 선(線)으로 표현한 글자이다.

❀뜻과 음 뚫는 모습을 나타냈기 때문에 丨자는 그 뜻이 '뚫다' 가 되었다. 丨자는 문자(文字)로서 역할을 하지 않기 때문에 어휘를 통해 그 음을 살펴볼 수 없지만 '곤' 으로 읽히는 글자이다.

따라서 丨자는 그 뜻과 음을 합쳐 '뚫을 곤' 이라 한다.

❀부수의 쓰임 丨자는 주로 글자에 덧붙여져 필획(筆劃)으로서 도움을 주는 역할을 한다. 그 부수에 속하는 한자로는 中(가운데 중)자 하나만 비교적 자주 사용되고 있다. 나아가 우리나라에서 호랑이 꼬리에 해당하는 곳인 虎尾串(호미곶)를 이르는 말에 串(꿸 관/곶 곶)자가 가끔 사용되고 있다.

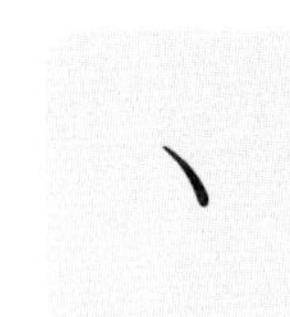

불똥 주

갑골문	금 문	소 전	예 서

글자의 뿌리 등잔(燈盞) 불이 탈 때에 일어나는 불똥(불꽃)을 표현한 글자이다.

뜻과 음 등잔에서 타오르는 불똥을 나타냈기 때문에 丶자는 그 뜻이 '불똥' 이 되었다.

丶자는 主(주인 주)자에 덧붙여져 음의 역할을 하는데, 主자는 主人(주인)·主食(주식)·車主(차주)·地主(지주)·救世主(구세주)·造物主(조물주)에서처럼 '주' 의 음으로 읽힌다. 丶자의 음도 '주' 이다. 따라서 丶자는 그 뜻과 음을 합쳐 '불똥 주' 라 한다.

부수의 쓰임 丶자는 흔히 문장(文章)이 끊어지는 곳에 사용되는 부호(符號)의 기능 외에 글자 구성에서 점(點)으로서 의미를 부여하여 사물(事物)을 분별(分別)하거나 강조(强調)하는 데 쓰인다.

그 부수에 속하는 한자로는 丸藥(환약)의 丸(알 환)자와 丹楓(단풍)의 丹(붉을 단)자, 그리고 住(살 주)·注(물댈 주)·柱(기둥 주)·駐(머무를 주)·註(주낼 주)자에서 음의 역할을 하는 主(주인 주)자가 있다.

1획

삐칠 별

갑골문	금 문	소 전	예 서

글자의 뿌리 오른쪽 위에서 왼쪽 아래로 삐쳐 내린 모습을 표현한 글자이다.

뜻과 음 삐쳐 내린 모습에서 丿자는 그 뜻이 '삐치다'가 되었는데, 흔히 '삐침'이란 명칭으로 불려지고 있다.

丿자는 문자(文字)로서 역할을 하지 않는다. 따라서 어휘를 통해 그 음을 살펴볼 수 없지만 '별'의 음을 지닌 글자이다.

丿자는 그 뜻과 음을 합쳐 '삐칠 별'이라 한다.

부수의 쓰임 丿자는 그와 반대 형상의 乀(파임 불)자와 함께 흔히 글자의 구성에 도움을 주는 역할만 한다. 때문에 덧붙여지는 글자의 뜻에 영향을 미치지 않는다. 다음은 그 부수에 속하는 한자이다.

乃 (이에 내)
久 (오랠 구)
之 (갈 지)
乏 (가난할 핍)
乎 (어조사 호)
乖 (어그러질 괴)
乘 (탈 승)

丿 1획

갈고리 궐

갑골문	금 문	소 전	예 서

글자의 뿌리 위에서 아래로 그어 내린 다음에 끝에서 왼쪽 위로 삐쳐 올려서 갈고리처럼 표현한 글자이다.

뜻과 음 갈고리처럼 나타낸 글자이기 때문에 亅자는 그 뜻이 '갈고리'가 되었다.

亅자는 다른 글자 구성에 도움을 주는 필획(筆劃)의 역할을 하는데 사용되고 있다. 따라서 어휘를 통해 그 음을 알 수 없지만 '궐'로 읽히는 글자이다.

亅자는 그 뜻과 음을 합쳐 '갈고리 궐'이라 한다.

부수의 쓰임 亅자 부수에 속하는 한자로는 完了(완료)의 了(마칠 료)자와 事件(사건)의 事(일 사)자, 그리고 豫(미리 예)·預(미리 예)·野(들 야)·序(차례 서)·舒(펼 서)·抒(풀 서)자에서 음의 역할을 하는 予(나 여)자가 있다.